日本警察の階級章等

	1994年3月31日まで（参考）	1994年4月1日制定
警察庁長官		
警視総監	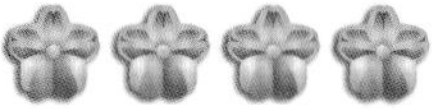	
警視監		
警視長		
警視正		
警視	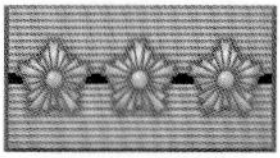	
警部	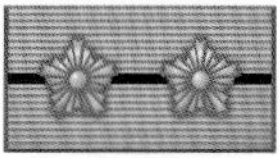	
警部補	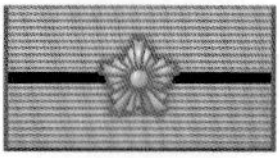	
巡査部長		
巡査長		
巡査		

＊1 左欄より前

＊2 警察庁長官及び巡査長は階級ではない

フランス国家警察の階級章等

企画と監督の職団	国家警察総局長（職名） Directeur général de la Police nationale	
	パリ警視総監・マルセイユ警視総監（職名） Préfet de Police de Paris ou de Marseille	
	国家警察局長（職名） Directeur des Services Actifs de la Police Nationale	
	審議官（職名） Inspecteur Général de la Police Nationale	
	指定警視監（職名） Contrôleur Général de la Police Nationale	
	警視監 Commissaire Général de Police	
	警視長 Commissaire Divisionnaire de Police	
	警視 Commissaire de Police	
指揮の職団	実働部門の警部長 Commandant Divisionnaire de Police à L'emploi Fonctionnel	
	警部長 Commandant Divisionnaire de Police	
	警部 Commandant de Police	
	警部補 Capitaine de Police	
	初任警部補（称号。階級としては警部補） Lieutenant de Police	
取締りと執行の職団	班長たる巡査部長 Major de Police Responsable d'unité locale de Police	
	特命巡査部長 Major de Police à L'Echelon Exceptionnel	
	巡査部長 Major de Police	
	上級巡査長（階級） Brigadier-Chef de Police	
	巡査長（階級） Brigadier de Police	
	巡査長補（称号） Sous-Brigadier de Police	
	巡査 Gardien de la Paix	

＊1 階級名等にあっては、便宜的な意訳である
＊2 紙幅の制約により、「警視学生・警視実習生」「初任警部補実習生」等一部の階級名等を省略した

古野まほろ

警察の階級

GS
幻冬舎新書
599

まえがき

本書は、そのタイトルどおり『警察の階級』を御説明するものです。

その特徴は、次のとおりです。

第1に、あらゆる基礎知識を前提としないこと。

警察の階級については何も知らない——という読者の方にも御満足いただけるよう、内容のすべてを基礎・土台となる説明から始めました。その意味で、新書というフォーマットではありますが、きちんとした入門書あるいは基本書であることを目指しました。

第2に、全体像がお解《わか》りいただけるよう試みたこと。

これは、『制度としての階級』がどうなっているかという意味での全体像でもあれば、巡査、警部、警視総監といった『個々の階級』がどうなっているかという意味での全体像でもあります。言い換えれば、警察における階級を、総論として充分に御説明することも、各論として充分に御説明することも目指しました。これまた新書というフォーマットではありますが、きちんとした概説書であるべきだと考えたからです。

第3に、可能なかぎり平易な文章としたこと。

きちんとした基本書であることや、きちんとした概説書であることと、平易であることは両立します。といって、警察における階級が法令に根拠を有するものである以上、関係法令に触れないわけにはゆきません。ある程度、関係法令に踏み込んだ説明が必要となります。ただ、難しいことを難しく書くのは誰にでもできます。本書は新書ゆえ、難しいことであっても可能なかぎり嚙み砕き、平易に（しかし正確に）記することを目指しました。

第4に、制度論と実態論の両方を提示すること。

システムがこうなっている、ルールがこうなっている――といったことは、この御時世、ネットに当たれば誰でも解ります。それらをまとめるだけというのは安易です。私はさいわい、警察官／警察官僚を20年弱やらせていただきましたので、それにとどまらず、『実際はこうだ』『組織のホンネはこうだ』『現実にはこう運用されている』といった、実態論の部分を厚くすることを目指しました。もし類書にない付加価値が生まれていれば、嬉しく思います。

第5に、公刊資料のみをベースにしたこと。

フォーマットの都合上、注釈を付することができませんでしたが、本書内の各種データにあっては、それが紙媒体の情報であろうとネットの情報であろうと、すべて公刊・公表されているものです。秘密にわたるものは用いていません。よって、より御興味を持たれた方は、比較的容易に、元の統計資料等に当たることができます。

あとは、やはりこのテーマであれば、ヴィジュアルに訴える図版・表が欲しく思いましたので、幻冬舎さんに極めて無理を申し上げ、図版等のみでも楽しんでいただけるものを、幾つか御用意しました。何かのお役に立てばさいわいです。

――重ねて、何の予備知識も必要ありません。

また、一字一句を追っていただいても、摘まみ食いをしていただいてもよいように編んでいますので、御自分のペースで、気軽にお読みいただければと思います。その過程で何らかの『発見』を見出していただけたなら、それに過ぎるよろこびはありません。

前置きは以上です。

警察の階級／目次

口絵作成 豊島愛（キットデザイン）
図版作成・DTP 美創

序章　警察における階級のあらまし

1　階級のあらまし

(1)　警察官にどのような階級があるかは、**警察法**第62条が

（警察官の階級）
第六十二条　警察官（長官を除く。）の階級は、警視総監、警視監、警視長、警視正、警視、警部、警部補、巡査部長及び巡査とする。

と規定しています。この警察法第62条の規定により、『日本の警察官には**9の階級**があること』、あるいは『最上位の階級は警視総監であり、最下位の階級は巡査であること』等が解ります。また9ある階級の序列も解ります。しかし、階級の具体的な在り方――例えば巡査は何をして、警視は何をするのか等――は、警察法等の現行法令を調べても解りません。そのほとんどは実務の世界に属することだからです。よって本書においては、これら9の階級、そして時として**階級と同視される職名・称号**を、1つずつ、実務に即して解説してゆきます。

(2)　ただ若干、その解説を先取りすれば——第1章からの説明に必要です——①階級の数は9ですが、**階級章は10**あります。すなわち階級ではないのに階級章を与えられる称号があります。それは巡査長です。巡査長はいわば名誉称号ですが、ゆえに階級としては巡査なのですが、独自の階級章が設けられています。②また、右の警察法第62条から解るとおり、**警察庁長官は警察官でありながら階級を持ちません**（警察庁長官というのは職名、すなわちポストの名称に過ぎません）。ただし、階級章にとても類似した『警察庁長官章』が設けられています。③加えて、階級章をデザインとして見たとき（本書冒頭図参照）、あきらかに**「巡査－巡査長－巡査部長」「警部補－警部－警視」「警視正－警視長－警視監」の各グループがデザイン上共通する**ものを持ち、よって警察が事実上、これら各グループを1つの職団としてとらえていることが解ります。

(3)　したがって本書では、右の①②から、巡査長（称号）と警察庁長官（職名）とを合わせた**11の階級等**を、解説してゆくことにします。また右の③から、それぞれの階級等が組織全体の中でどのように位置付けられているのかなどなどを、概観します。

2 階級の意義のあらまし

(1)『階級を与えられることにどのような意義があるのか?』についても警察法が規定しています。すなわち同法第63条が

> (警察官の職務)
> 第六十三条 警察官は、上官の指揮監督を受け、警察の事務を執行する。

と規定しているところ、ここにいう**上官**は、**上位にある警察官のことをいう**ものとされています。

(2) 要するに、一般の役所における一般の公務員は、**上司**の職務上の命令に従って職務を行うところ——例えば係長の命令とか、課長の命令とか——警察官は、わざわざ階級等が定められている以上、係長・課長・部長といった上司の職務上の命令に加え/そうした上司の職務上の命令がないときは、より広く、階級等が上位にある警察官の指揮監督に服さなければなりません。

(3) これは、いわゆる平時においてはあまり意識されませんが(警察においてもたいてい

上司＝上官なので）、大規模災害、テロ・ゲリラ、騒乱等といったいわゆる有事においてより重要な意味を持ちます。というのも、そうした有事においては、上司が物理的に欠けてしまうことが——殉職するとか、行方不明になるとか——ナチュラルに想定されますので、そうしたとき『生き残った警察官の誰が指揮を執るか？』は死活的に重要となるわけです。

(4)　また、そうした大規模災害とまでは言わずとも、例えば残念ながら日常的に発生する、いわゆる持凶器《ジキョウキ》の人質たてこもり事案。これは、被疑者の持っているのが包丁であろうと拳銃であろうと、警察力を集中させて一気に解決しなければなりません。このとき、特に初動《ショドウ》の段階で、現場には警察署のPC《パトカー》、自動車警ら隊のPC、警察署の捜査車両、機動捜査隊の捜査車両はたまた機動隊関係車両等々が続々と集中することになり、無論、大勢の警察官も続々と集中することになります。このような、部門も所属もバラバラの警察官が集中する錯綜《さくそう》した現場においては、やはり『現場に臨場した警察官の誰が指揮を執るのか？』がとても重要になってきます。

(5)　有事において、もし階級が存在しないとすれば、『A課長とB課長とC課長で、いったい誰がいちばん偉いのか？』『偉さは年齢で決めるのか、昇進時期で決めるのか？』『警察官を拝命《はいめい》した順に決めるのか？』、はたまた俄《にわか》に想定し難《がた》いですが『勤務評定で決めるのか？』『部下の多さで決めるのか？』等々、ともかくルールから議論しなければならず、これは一分一秒を争う現場において、不合理かつ無駄なことこの上ありません。

(6) そこで、警察官の全てに『階級等』を与えておけば、警部は警部補に優越しますし、警視は警部に優越しますので、**指揮系統がたちまちクリアになります**（ちなみに同階級のときどちらが偉いかも後述しますが、さほどの困難なく決定することができます）。

(7) なお、平時のほとんどの場合においては、『**警察といえども上司≒上官として動いておりそうした組織づくりをしている**』ことを指摘しておきます。例えば、警察署の刑事課のA警部補を、同じ警察署の交通課のB警部が、何の事情も事象もないのに「俺の方が上官だから」と指揮監督するということは、通常、あり得ません。生《ナマ》の階級が問題になるときは、この例で言えば、『既に警察署全体をユニットとして運用しなければならないような事情・事象があるとき』です。そうした意味で、日頃から階級風を吹かすような警察官は零人《ゼロ》に近いですし、平時においてそんなことをしても無意味です。

3 階級を与えられる者のあらまし

(1) これは要は、公務員のうち『警察官』という身分を有する者です。警察法第55条は

> (職員)
> 第五十五条 都道府県警察に、警察官その他所要の職員を置く。

と規定していますが、これは読者の方に馴染《なじ》みのある『警視庁』『大阪府警察』『愛知県警察』といった都道府県警察に、**警察官**と、あと必要な職員を置くことを定めています。

(2) 『あと必要な職員』というのは、いわゆる**一般職員**のこと。かつては『事務吏員《りいん》』『技術吏員』と呼ばれていた一般職員にもいろいろな人がいます。イメージ的には——各所属における庶務係のお姉さん/じっちゃんとか、会計課で遺失拾得《イシツシユウトク》のプロフェッショナルをしている課長さん、刑事課で鑑識業務のスペシャリストをしている主任さん、薬物の鑑定やDNA型鑑定などをやってくれる技官さん——あとめずらしいところだと、警察用船舶・警察用航空機の整備や運用を行っている特殊な技術職さんも、ここでいう一般職員です。はたまた、交番でよく見掛ける、警察官とよく似た制服を着た『交番相談員』も非常勤の一般職員です。

(3) 冒頭の警察法第62条にもどっていただくと、同条が規定しているのは**警察官の階級**でしたね（『警察官の階級は……』）。すなわち、警察組織において階級を与えられるのは、組織の職員のうち、警察官という身分を有する者だけということになります。ですので、先に述べたとおり、**ある警察官には上司と上官がいることになりますが、ある一般職員には上司しかいません**。噛み砕けば、ある警察官には例えば『課長』という上司と『警部』という上官がいますが、ある一般職員にいるのは例えば『課長』という上司だけです。一般職員は、階級とも階級的統制とも無縁だからです（普通の役所同様、係長、主任、課長、部長……といった、職制による統制のみを受けることになります）。

(4) ある職員が警察官か一般職員かは、採用区分によって採用時に決まります。警察官採用試験に合格し任用された者は警察官、一般職員採用試験に合格し任用された者が一般職員です。これは大原則として退職まで変わりません（人生の途中で警察官になりたいと思った一般職員は、改めて警察官採用試験に合格し身分換えをする必要があります）。

4 階級を与えられる警察官の種類

(1) 階級を与えられる『警察官』にもいろいろいます。それらは大別して、次の4グループに分かれます。

①都道府県警察に採用された、全警察官の99%以上を占める警察官
②都道府県警察に採用され、その後、警察庁に身分換えをした警察官
③国家公務員採用一般職試験に合格し、警察庁に採用された警察官
④国家公務員採用総合職試験に合格し、警察庁に採用された警察官

(2)　いわゆる**ノンキャリア**として強くイメージされるのが右の①で、要は東京都、大阪府、愛知県といった都道府県の警察官採用試験を受け、巡査の階級から現場勤務を積み重ねてゆくタイプの警察官です。街ゆく警察官の99%以上は①で、県によっては99・80%以上となることもあります。

(3)　②はいわゆる**推薦組**と呼ばれるタイプの警察官です。採用されたときは①のノンキャリアですが、特に警部以降における実務・実績・人格等々が優秀であることに鑑《かんが》み、警察庁のスカウトを受け、都道府県から自分を切り離し、警察庁警察官となることを決意したのが②です。キャリアかノンキャリアか——というとノンキャリアなのですが、その昇任スピードなり与えられるポストなりは、既にノンキャリアのそれではあり得ません。

(4)　③は一般に**準キャリア**と俗称される警察官で、かつての国家公務員採用II種試験に合

格し、最初から警察庁警察官として勤務してゆくタイプの警察官です。**Ⅱ種**というのが呼称として解りやすかったのですが、試験の名前が変わってしまったので、いささか古い呼び方になってしまっていました。キャリアかノンキャリアか――というとノンキャリアなのですが、警察庁警察官ゆえ、その昇任スピードなり与えられるポストなりは、やはりノンキャリアのそれとは異なります。

(5) ④は、小説やドラマでも有名な（?）いわゆる**キャリア**の警察官です。かつての国家公務員採用Ⅰ種試験の合格者ゆえ、**Ⅰ種**とか**3級職**とか呼ばれていました。④の者は、各省庁共通の試験に合格した後、警察庁の採用試験（面接等）に合格した者です。そして各省庁のキャリアがそれぞれの事務次官なり局長・審議官なりを目指すのと同様、警察においても警察庁長官・警視総監、あるいは局長・審議官を目指す者です。ゆえにその昇任スピードなり与えられるポストなりは、例えば①のノンキャリア警察官と比較すると雲泥《うんでい》の差があります。

(6) ①〜④のそれぞれが、警察における階級の中でどのように位置付けられるかも、これからの各章で見てゆきます。ゆえにここでは、考え方の整理・用語の整理の問題として

①の警察官……………**ノンキャリア**

②の警察官……………推薦組　※ゆえに、キャリアではない
③の警察官……………スペシャリスト（旧Ⅱ種）　※ゆえに、キャリアではない
④の警察官……………キャリア

と、ザクッとまとめてしまいましょう。もちろん念《ねん》の為《ため》ですが、これは採用区分等による便宜的な呼称・グルーピングであって、そこに『偉さ』『身分』『優劣』の概念を導入してはいません。私の経験上、箸《はし》にも棒にもかからない碌《ロク》でもないキャリアの上司もいれば、生涯お仕えしても悔いがないだろうと思えたノンキャリアの上司もいました。そもそも、警察官の99％以上は①なのですから、①なくして警察は回りません。前置きは以上です。

警察官の種類

①ノンキャリア

都道府県警察に採用された、全警察官の99%以上を占める警察官

②推薦組

都道府県警察に採用され、その後、警察庁に身分換えをした警察官

③スペシャリスト(旧Ⅱ種)

国家公務員一般職試験に合格し、警察庁に採用された警察官

④キャリア

国家公務員総合職試験に合格し、警察庁に採用された警察官

階級等と職名の大まかな対応

<table>
<tr><th></th><th>警察庁</th><th>警視庁</th><th>警察本部(大)</th><th>警察本部</th><th>警察署(大)</th><th>警察署</th><th>交番</th></tr>
<tr><td>警察庁長官</td><td>警察庁長官</td><td></td><td></td><td></td><td></td><td></td><td></td></tr>
<tr><td>警視総監</td><td></td><td>警視総監</td><td></td><td></td><td></td><td></td><td></td></tr>
<tr><td>警視監</td><td>局長
審議官</td><td>副総監
部長</td><td>本部長</td><td></td><td></td><td></td><td></td></tr>
<tr><td>警視長</td><td>課長
参事官
室長等</td><td>部長
参事官</td><td>部長</td><td>本部長</td><td></td><td></td><td></td></tr>
<tr><td>警視正</td><td>室長等
企画官
理事官</td><td>参事官
課長</td><td>部長
参事官
課長</td><td>部長
参事官</td><td>署長</td><td></td><td></td></tr>
<tr><td>警視</td><td>課長補佐
課付警視</td><td>課長
理事官等
管理官等</td><td>参事官
課長
次席・次長
管理官等</td><td>参事官
課長
次席・次長
管理官等</td><td>副署長
課長
統括官等</td><td>署長
副署長</td><td></td></tr>
<tr><td>警部</td><td>係長</td><td>課長補佐
係長</td><td>課長補佐</td><td>課長補佐</td><td>課長代理</td><td>調査官等
課長</td><td>（交番所長）</td></tr>
<tr><td>警部補</td><td></td><td colspan="5">係長</td><td>ブロック長
ハコ長</td></tr>
<tr><td>巡査部長</td><td></td><td colspan="6">主任</td></tr>
<tr><td>巡査長</td><td></td><td colspan="6">係員等</td></tr>
<tr><td>巡査</td><td colspan="4"></td><td colspan="3">係員</td></tr>
</table>

※各都道府県警察の規定・運用により、職名・位置付け等に大きな差異がある
※同じ職名であっても、まったく位置付けが異なることがある
※対策官、監察官、指導官等、網羅的に記載できなかった職名が多数ある

第1章
巡査

——ポリス・オフィサー(Police Officer)

上に10 下は0

階級構成

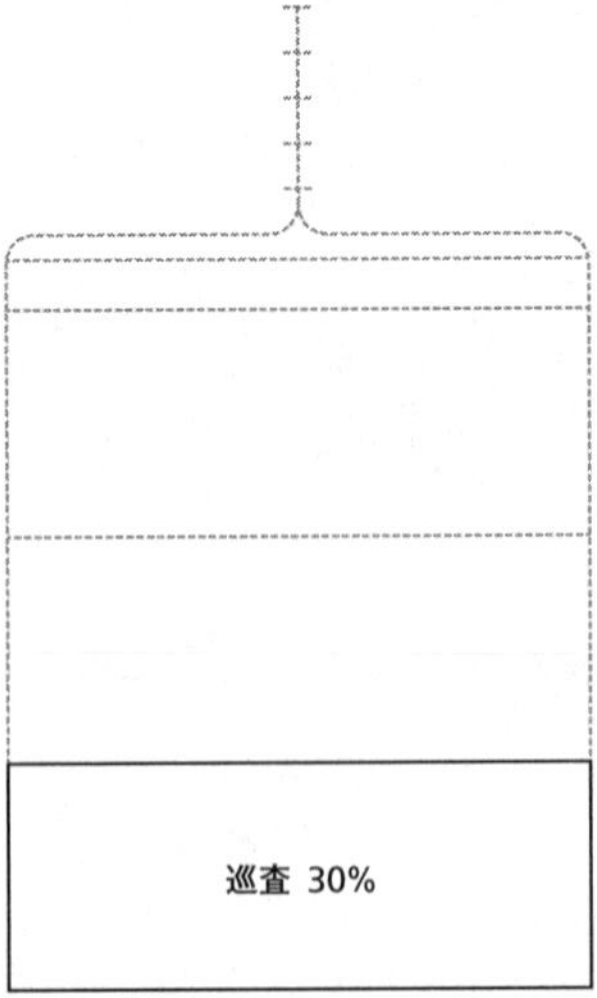

※概数かつイメージである

1 任務と役割

(1) 序章の①の意味における**ノンキャリア**の最初の階級が、巡査です。警察庁の公式英訳では、ポリス・オフィサーです。

(2) 序章では、警察が［巡査－巡査長－巡査部長］を1つの職団としてとらえていることを指摘しました。具体的に言い換えれば、これらの3の階級の階級章は、階級章の横板――いわば地金も、横板下方の桜葉――いわば下支えもすべて銀色です（本書冒頭図参照）。これが［警部補－警部－警視］の職団となると、桜葉が金色になり、さらにこれが［警視正－警視長－警視監］の職団となると、横板そのものも金色になります（警察官の服制に関する規則。ちなみにあの**桜の代紋は、正式には『日章』といいます**）。うち、階級章のタンザク以外ほぼすべて銀色なのがこの職団の階級章の特徴で、そのなかでも巡査の階級章は、タンザク1本です。また、あの紺色の（ブルゾンでない）冬制服・合《あい》制服の袖に斜めに入る袖章《そでしょう》は『黒地のオビに色線ナシ』、制帽のいわゆる腰《コシ》部分も『色線ナシ』です。

(3) この銀色を特徴とする［巡査－巡査長－巡査部長］の職団を、本書においては便宜《べんぎ》的《てき》に『**実働と執行の職団**』ととらえます。すると巡査は特に、警察のあらゆる職務において、実働と執行の最前線に投入されるべき職だ――ということになります（実態はやや違う）。

⑷　話が複雑になるのを避けるため、次章で説明する『巡査長』は、取り敢えず無視します。無視してもこの章の大勢に影響ありません。

⑸　銀色階級章に金のタンザク1本の**巡査**ですが、その任務は――それを法令上明らかにしたモノを私は読んだことがありませんが――所属におけるあらゆる上官の指揮監督を受けながら、事件事故その他の警察事象に即応すること、といえるでしょう。

⑹　平たく言えば、もしある巡査が交番に配置されているのなら、通信指令室や警察署の指令を傍受《ぼうじゅ》したその瞬間、真っ先に所要の『起《た》ち上がり』をして『現場臨場』をする、そして現場における『初動《ショドウ》措置をとる』――そうしたことが『警察事象に即応する』ことに当たります。無論、警察は組織として動くモノですから、直属上官である巡査部長、その上官である警部補といった初級幹部の指揮監督の下、それらの措置をとることになるでしょう。ただ巡査には自身より下の階級がない＝部下がいないのですから、他の誰を頼るわけにもゆきません。まさに『実働と執行の職団』の斬り込み隊長として、実に腰軽く、あらゆる警察事象に飛び込んでゆかねばなりません（そして警察事象というのは、何もドンパチ系に限られません。地理指導その他の市民接遇《せつぐう》、困り事相談その他の相談業務、遺失拾得その他の行政手続、供述調書を作成することその他の捜査手続もまた、警察に委ねら

れた警察事象です。巡査はそうしたあらゆる職務の最前線に立つこととなります）。

(7)　もう少し日常的に、巡査の役割を考えると——これはもう『新入社員の役割』といえます。**ノンキャリアは昇任試験に合格しなければ階級を上げることができない**ため（殉職《じゅんしょく》、公務災害、永年勤続等による昇任の特例は別論）、もしある巡査が次の階級への試験——巡査部長試験に合格しないのなら、その巡査は未来永劫《みらいえいごう》巡査のまま。未来永劫部下のないままです。よって、警察学校を出たての19歳／23歳の巡査であろうと、どのような事情があってか55歳の巡査であろうと、配置先の交番や警察署においては、新入社員の役割を果たさなければなりません。それは先に述べた警察事象への即応のほか、例えばコピー撮りであったり、お茶汲みであったり、日々の掃除であったり、出前の注文取りであったり、車両の整備であったり、報告書の作成であったり……どこの会社でも見られるような下積みとしての仕事を、こなしてゆかねばなりません。

(8)　といって、最下位の階級であることにはメリットもあります。それは比較的、職務上の責任を問われる範囲が限られることです。それはそうです。上官である巡査部長・警部補の指揮監督の下で動くのですから。また更なるメリットとしては、『仕事上分からない事柄《ことがら》を質問しやすい』点も挙げられます。それもそうです。一般論としてはつい先日、警察学校を出て来たような実務能力しかないのですから。それは上官の誰もが理解しているのですから。そもそも警察学校のカリキュラム自体が、1年3か月から1年9か月にわたる懇切丁寧《こんせつていねい》なものですし、それでもなお修得しづらい実務的なスキルは、警察署に本《ほん》配置されてからもしつこく教養《キョウヨウ》されます。都道府県によっては若手巡査等のための『捜査書類作成通信添削《てんさく》』や『職務質問技能実戦塾』といったものを開講しているほどです。

(9) 巡査は『実働と執行』のそうした実践・見取《みと》り稽古《げいこ》を積み重ねながら、実務能力を涵《かん》養《よう》し、いよいよ新入社員の立場から脱却すべく、次なる巡査部長試験を目指してゆきます。

2 任用と昇任

(1) 任用、すなわち**どうすれば巡査になれるか**、ですが、これはシンプルで――『各都道府県が実施する警察官採用試験に合格し、その都道府県に警察官として採用してもらうこと』です。要は大阪府の行う警察官採用試験、愛知県の行う警察官採用試験、福岡県の行う警察官採用試験……等々のいずれかに合格し、無事警察学校に入校できれば、その都道府県の巡査になれます。それはもちろん大阪府巡査、愛知県巡査、福岡県巡査……等々となり、他の都道府県とは一切関係なく、基本的にその都道府県の警察官として骨を埋《うず》めることでもあります。そしてこれらの警察官採用試験においては、まさか警察部内《ブナイ》の実務的な問題は出ませんので、一般の公務員試験の準備を、市販されている問題集等で行って――いささかのチューニングは必要でしょうが――臨めばよいわけです。そうした意味では、『巡査採用試験』『巡査任用試験』というものはない、普通の公務員試験的なものをそれぞれの都道府県で受けて合格すればそのまま巡査になれる、ということになります。

(2)　この各都道府県ごとに実施される警察官採用試験ですが、呼び方はともかく、大卒向け試験と高卒向け試験があります。すると当然、難易度はそれぞれ違ってきますが、では合格者がなる『巡査』に違いはあるかというと――全くありません。**大卒で警察学校を出た者も、高卒で警察学校を出た者も同じ『○○県巡査』であり、その巡査としての権限に全く違いはありません。**処遇には違いがあります。具体的には俸給《ほうきゅう》＝基本給＝給料です。むろん県間格差はありますが、とあるX県警察をモデルとして概観すると（以下本書における基本給について同じ）、高卒の場合で俸給が概《おおむ》ね17万円強、大卒の場合で概ね20万円強。とはいえ警察の給与は『**各種手当の種類と額が一般の公務員より非常に多い**』ので、給料＋諸手当＝**給与の額はこれを大幅に／確実に上回ります。**

ともあれ、権限が全く一緒の大卒巡査と高卒巡査とで、では何が異なってくるか――

⑶　第1に、一人前の巡査として現場に出るまで、**警察学校等で教養《キョウヨウ》を受けなければならない期間が異なります。**高卒巡査の場合は、初任教養と呼ばれる入校を10か月－現場における職場実習を3か月－初任補習と呼ばれる再入校を3か月－現場における実戦実習を5か月と、総計1年9か月の『採用時教養《キョウヨウ》』を受けなければなりません（10－3－3－5）。他方でこれが大卒巡査となると、初任教養6か月－職場実習3か月－初任補習2か月－実戦実習4か月と、総計1年3か月のコースとなります（6－3－2－4）。よって、『いよいよ一人前の巡査として1人で職務執行できる』ようになるまで、高卒巡査の方が半年多く教育訓練を重ねなければならないのですが……このこと自体は、警察官を定年まで40年前後務めることを考えると、とても甚大《じんだい》な差異とはいえません。

⑷　高卒巡査と大卒巡査とで異なる点の第2として、次なる**『巡査部長試験』を受けるために要する期間の違いがあります。**待機期間といいますか、実務修練期間といいますか……要は警察学校を出たばかりの巡査が、いきなり部下を持つ初級幹部たる巡査部長になれるのは常識的にも制度的にもおかしいわけで、やはり次の階級へ昇任するには、一定の実務経験を積んでもらわないといけません。そこで『巡査部長試験』を受ける際に、高卒巡査にあっては『巡査の階級に4年以上在級している者』であることが求められます。要

は採用されてから=巡査になってから4年間は巡査として修練しろ、昇任試験を受ける資格は与えない——ということです。すると今度は、大卒巡査が『巡査部長試験』を受ける際はどうなのか、が疑問となりますが——大卒巡査にあっては、『巡査の階級に2年以上在級している者』であることが受験資格となります。待機期間なり実務修練期間なりが、高卒巡査の半分ですね（ちなみに短大卒巡査の場合は3年なので、それぞれの待機期間の年数はキレイに4－3－2となります）。

(5)　ただ、この受験資格の差異についても……40年前後に及ぶ警察人生のことを考えると、まさか圧倒的に大卒が有利ともいえません。というか、警察実務で必要なことは一般の大学ではやってくれないのが常なので、なら早めに警察一家の水に馴染《なじ》んでしまった方が、実務能力の涵養《かんよう》という観点からは有利です。幾つかの都府県を渡り歩いた私の体感としては、将来管理職になりたい、将来署長になりたい、将来警視正になりたい……といった競争意識ある警察官にとって、あまり高卒／大卒の区分は意味がありません。体感的には、ほとんど互角というか。少なくとも現行制度がどちらかを優遇したり、あるいは結果としてどちらかを優遇する効果を生んでいるということは全くありません。

(6)　受験資格を得れば、どの巡査でも『巡査部長試験』を受けることができ、無論これに合格すれば、巡査部長になることができます（第2章参照）。巡査部長試験の内容は、予備試験（択一《たくいつ》式、警察でいうSA）－第1次試験（論文）－第2次試験（面接・術科《ジュツカ》）という流れで行われ、予備試験と第1次試験では基礎法学と警察実務が、第2次試験では人物評価と武道・教練《キョウレン》・拳銃操法等が問われます。無論、どの段階でも落ちることがあり、全ての総合点で合否が決まるわけではありません。この巡査部長試験の合格率は12%～15%程度と、一発合格すれば飲み明かそうかというほど狭き門です（ただ調べてみますと、巡査部長試験合格率8%以下、なるキツい数字を叩き出している県も複数ありました）。

(7) いよいよ巡査部長に昇任すれば、階級章が変わります。タンザクは3本になります。

3 職制と配置

(1) 職制とは、ここでは他の役所や民間でいう『主査、係長、課長、部長……』といった、職務分担・命令系統に関する制度・職名のこととします。本書は警察の階級についての書籍ですが、警察の階級を論じるときは、警察の『職制』も論じざるを得ません。というのも、**警察ではシンプルに、ある階級をある職名に対応させているからです。**

(2) 具体例を用いますと、この章で説明している『巡査』、これは重ねて階級ですね。しかし警察においては、**巡査の階級にある者は一律に『係員』となります。**巡査＝係員です。係長である巡査とか、課長である巡査とかは絶対に存在しません。階級が上がってくるとまた複雑なルールが適用されるのですが、少なくとも警部補までは実にクリアです。再論すると巡査＝係員。先取りすれば巡査部長＝主任。警部補＝係長。むろん具体的な状況と運用とによって、巡査部長を『班長』と呼んだり、警部補を『上席係長』と呼んだりすることはありますが（生きた組織ゆえ例外は幾らでもあります）、ローカルルールを無視すれば、一定の階級までは、ある階級に対応する職制上の職名は常に1つです。

(3)　実態論としては、巡査はまず必ず『警察学校』に配置されるのですが――警察学校というのは警察本部の1つの課、はたまた1つの警察署に相当する所属《ショゾク》です――無事警察学校に配置されれば（警察学校への最初の入校を命ぜられれば）誰でも巡査。高卒／大卒関係なし。ところが警察学校というのは教養《キョウヨウ》をするところ＝教育訓練機関なので、そこでは主任とか係長とか課長とか、職制上の／実務上の上司は問題になりません。そこは大多数の巡査と、警部補以上の階級にある教官等が運営する、いわば別天地・箱庭です。

(4)　もっとも、学校教養《キョウヨウ》のところで先述した『職場実習』等となると、この期間は実際に各警察署に配置され、具体的な職務執行を見取《みと》り稽古《げいこ》するわけですが……この配置は事実上仮《かり》配置というか、お客さん配置のようなもの。むろん厳しい実習が待っているのですが、まだ本籍地のない根無し草です。そしていよいよ採用時教養《キョウヨウ》の年季が明け――高卒巡査については1年9か月、大卒巡査については1年3か月でしたね――一人前の巡査として1人で職務執行ができると認められれば、警察学校ではなく、それを巣立って、とうとう警察署に本配置されることになります。

(5)　警察学校を巣立ったばかりの**新任巡査が配置されるのは警察署、しかもその地域課、しかもその交番です**。言い換えれば、最初から警察本部勤務ということはありませんし、最初から刑事課勤務ということも、はたまた駐在所勤務ということもありません。事実上の最初の所属《ショゾク》は○○警察署、配置されるのは○○警察署地域課、勤務するのは○○警察署△△交番となります。というのも、地域課＝地域部門＝交番部門はあらゆる警察活動に即応してその初動《ショドウ》に当たる部門であり、また、交番のテリトリー内に各警察官ごとの『受持区』を設けつつ担当住民のための活動を行う部門なので、新任巡査に警察実務のイロハを体得させるには、地域部門に配置するのがいちばんだからです。

(6)　このとき――職場実習等を別論とすれば――新任巡査は初めて自分の『ポスト』を持ち、よって自分の『上司』『上官』を持ちます。**ポスト**というのは、無論自分が配置された、△△交番の巡査＝△△交番の係員。**上司**というのは、編制上、係員としての自分が指揮監督を受けることとされた——新任巡査の指導を任ぜられた巡査部長を『指導部長』と呼んだりしますが——ライン上の上位階級者。**上官**というのは、編制やラインにかかわらず、その交番にいる巡査長以上の全警察官。これを具体的に言うと、例えば

A係長（警部補）－B主任（巡査部長）－C係員（新任巡査）

というのが交番における**ライン＝上司部下**の関係に立ちますし、もし仮にこの交番にあと2人巡査部長がいるのなら、そのD巡査部長・E巡査部長はC係員にとって上官となるわけです。むろん職制上の、ラインの命令に従うのが平時の在り方ですが、特に有事においてはひろく上官の指揮監督を受けるべきもので、それは序章において述べたとおりです。

⑺　いったん警察署の△△交番に配置された新任巡査が、その後どのようなキャリアパスを踏み、キャリアアップをしてゆくかは新任巡査それぞれですが……巡査（係員）が配置されやすい所属・ポストというものはあります。それは次項で見てみましょう。

⑻　警察部内《ブナイ》における巡査の略称・呼称は、三人称としては**査（サ）**、二人称としてはそのまま巡査《ジュンサ》です。言い換えれば、話し言葉として「PTに必要なのは査《サ》が4人、部長《ブチヨウ》が2人、補《ホ》が1人……」と言ったりしますし、「オイ古野巡査よ、例の件だが」と言ったりし

ますが、何故か「オイ古野係員よ」「オイ古野査よ」とは言いません。巡査は音節が短いので、二人称としてそのまま用いてさしたる支障がないからかも知れませんし、敢えて係員と呼ぶ必然性もないからかも知れません。

４　年齢と処遇

(1)　**警察学校に入校を命ぜられれば巡査なので、また、巡査部長試験に合格しなければ巡査のままなので、**下は18歳・20歳・22歳の巡査から、上は定年までの巡査が――理論的には――いることになります。裸の巡査（巡査長でない巡査）の平均年齢は、とあるX県警察をモデルとすると（以下年齢について同様とします）25歳前後。しかし巡査の階級については、次章で説明する『巡査長』制度があるため、定年まで裸の巡査というのは極めて稀《まれ》です。他方で、51歳巡査長、55歳巡査長といった響きには特に違和感がありません。『何かの事情があったんだろうなあ……』とは思いますが、極めて稀といった感想は持ちません。ちなみに次章で詳しく見ますが、それは要は、『51歳巡査』『55歳巡査』というのとまったく一緒です。

(2)　公務員のお給料は客観的な俸給《ほうきゅう》表にしたがって機械的に決まりますし（諸手当はまだ

人為《じんい》の入る余地があります）、警察の場合はさらに『階級』によってその俸給表の読み方が決まってしまいますので——巡査なら巡査の欄《らん》があると想定してください——**階級を上げないことには、より上位の（より高給の）欄へはスライドできません。**具体的には、巡査の給料の平均は、重ねてとあるX県警察をモデルとすると（もう以下では繰り返しませんので御注意ください）、概《おおむ》ね22万円です（諸手当を除きます。また巡査長は別立てとします）。ただ無論、我が国の多くの組織がそうであるように、警察官のお給料も年功序列によって定まる部分があります。しかし巡査の欄だと、先の高卒巡査の初任給17万円強から、最大で30万円弱までしか動きませんし動けません。どれだけ年を重ねてもそれ以上は昇給しません。よって、よりよい処遇《しょぐう》を求めるためにもまずは階級を上げる必要があります。巡査部長であれば、最大で43万円弱は出るなど、顕著《けんちょ》な違いがあります。

(3)　概ね何歳くらいで巡査部長になるのか、はたまたなるべきか、ですが……これは各警察官の試験観あるいは職業観・人生観によりますので、あまり平均を考えても意味はありません。また、ノンキャリア警察官の出世競争は——参加の意図があるなら——無試験のキャリアごときより激甚《げきじん》・苛烈《かれつ》を極めますので、仮に最短最速で巡査部長に昇任したとしても、その後の警察人生にはまだまだ一山、二山、いえ無数の山嶺《さんれい》があります。ライバルを巡査部長試験で蹴落《けお》としたと思ったら警部補試験で抜かれ、警部試験で巻き返したと思ったら警視昇任で負けて……という実例は枚挙《まいきょ》に暇《いとま》がありません。

(4) それを前提とした上で、各都道府県警察が『だいたいこれくらいが平均よりやや優秀なあたり』『だいたいこれくらいが頑張れば届くあたり』と考えているらしい、そんなところを調べてみると――だいたい30歳前後で巡査部長試験に合格するのが『エース級というほど派手ではないが平均というほど凡百《ぼんびゃく》ではない』とされているように見受けられます。第2章でも述べますが、巡査部長というのは初級の幹部で、『主任』の職名を与えられる階級ですから、巡査（係員）から巡査部長（主任）に昇任して部下を持つのが30歳前後というのは、頷《うなず》けるところです（なお29歳、という超具体的なキャリアパスを提示している都道府県警察が複数あったので、『最近は実に具体的だな』と思いました）。

(5) 巡査=係員が巡査部長に昇任するまでのその間、どのような所属に配置され、どのように運用されるか、ですが――一般論としては若手警察官ゆえ、最初に配置されたように、次もまた□□交番に配置されることが多いです（交番にもそれぞれ個性があるので、スキルの上昇に応じ、より大変な重要な交番・少人数の交番に動いたりします）。

(6) 交番は三交替制で（警視庁は四交替制）、ゆえに『泊まり－非番－週休』を繰り返す勤務となりますが、これと同様な勤務をする部門として**留置管理部門**があります。三交替制はやはり体力と健康とに影響がありますから、若手警察官として、留置管理部門の看守等に異動するというのもお決まりです。あとはやはり若さと気力・体力が求められる**機動隊**。機動隊にも第一機動隊、管区機動隊等の違いがありますが、訓練の厳しさには変わりありません。この機動隊というのは、警察本部直轄のユニットというか、警察本部の1つの課という位置付けですから、この場合は、巡査がそのまま警察本部入りすることになります、が……警察部内《ブナイ》のある種のオキテとして、機動隊勤務は警察本部勤務とはみなされません。ここで、右に述べた留置管理は、警察本部勤務である場合も警察署勤務である場合もありますが、割合からして警察署の留置管理部門に異動する巡査の方が多いでしょう。警察署の数だけ異動先があるので。そして無論、いちばん最初に述べた交番は警察署の出先ですから、以上をまとめると——**巡査の階級にある警察官は、ほとんどが警察署レベルで異動をしながら、スキルを積みまた試験勉強をするなどして、巡査部長試験の合格を期する**——そんな感じになります。加えて、巡査が例えば刑事とか生活安全とか交通とか、そうしたいわゆる『専務《センム》』に入ることは、スキルと実務経験からして稀《まれ》です（ただし、警察本部入りにしろ専務《センム》入りにしろ『巡査長』となれば話は全然違ってきます。後述）。

5　その他特色

(1)　巡査=係員というと、いわゆる階級制度の末端で、そう、ピラミッドのいちばん下で将棋の『歩《ふ》』のような扱いを受けている――というイメージをお持ちの方もおられるでしょう。しかし実態は違います。というのも、これは警察法施行令と各都道府県の条例とで定められることですが（ゆえに調べるのが容易ですが）、実は警察の階級構成はピラミッド型をしてはいないからです。警察の階級構成は、全都道府県警察ほぼ共通で――むろん組織は生きていますから数式どおりにはゆきませんが――原則

巡査３・巡査部長３・警部補３・警部以上１

の比率となるよう調整されています。すなわち、ピラミッド型どころかかなりのズンドウ型・釣《つ》り鐘《がね》型なのです。**係員と主任と係長の比率が一緒**なのですから……

(2)　このような階級構成により、警察では、先に述べた『指導部長』制度など、巡査をマンツーマンで指導・育成することも（モデル的には）可能ですし、そこまでゆかずとも、犯罪捜査、行政措置といったかたちの市民接遇を、よりスキルと経験を積んだ警察官の眼前で／その監督の下で行わせることができるようになります。また、特に交番を考えると、何か事案が発生したときは『巡査部長＋巡査』あるいはこのユニット複数で臨場すること

が多いため、これは実態論としても頷《うなず》ける比率です。また、警部補のところでも再論しますが、警察における警部補は『プレイング・マネージャー』であり、管理仕事の傍《かたわ》ら、自ら腰軽く事案処理に当たるべき階級なので、その考え方からしても頷ける比率です。

(3)　巡査、というのは少なくとも１８８０年から存在する由緒《ゆいしょ》ある階級です。当時は一等、二等などの等級を付されていましたが、１８９１年には等級がなくなりました。ここで同１８９１年、何の因果か……日本訪問中のロシア帝国皇太子ニコライ（後のニコライII世）を大津《おおつ》町内で斬りつけるという、当時の日本としては国家そのものが吹っ飛びかねない戦慄《せんりつ》すべきテロを実行したのは、滋賀県警察部の津田《つだ》三蔵《さんぞう》巡査でしたね。

(4)　余談ですが、実は序章でいう④の警察官——いわゆる**キャリアも巡査を経験します**。学校教養《キョウヨウ》のプログラムに組まれているので。私の頃だと3週間程度、警視庁巡査に身分換えをして、階級章も巡査のものを着装し、警視庁の大規模交番において（見取《みと》り稽古《げいこ》ではありますが）、人生最初で最後の巡査経験をすることになります（拝命《ハイメイ》時に警部補なので、これは降格人事です——といって、最初の現場はとても嬉しいものですが。ちなみに次に交番等へ出るときには降格人事がなく、そのまま警部補として現場に出ます）。

(5)　最後に『**司法巡査**』という用語について触れておきます。警察官はそもそも、刑事訴訟法に基づく一定の権限を行使するときは、『司法警察職員』という資格あるいはカンバンでそれをしますが、この**司法警察職員のうち、巡査の階級にある者のことを特に『司法巡査』と呼ぶ**こととされています（しかし司法巡査、司法巡査と呼ばれたところで、巡査が行政権に属すること＝**司法権に属するわけではない**ことに変わりはありません）。これについては、複雑な議論をしようと思えば幾らでもできますが……実際のところ、警察官の意識としては、①司法巡査には刑訴法上一定の権利制限がかかっているので注意しなければならない、②司法巡査、司法警察職員といったところで、実際にそれを意識するのはそのほとんどが捜査書類を作成するときだけだ――といった程度。この資格あるいはカンバンがもう時代と実務とにマッチしていない面もありますので、本書では『**巡査は捜査をするとき司法巡査というカンバンで呼ばれることがある**』程度のまとめでよいと思います（ただ、巡査部長試験対策等のため司法巡査とそれ以外の違いなどは知っておかねばならず、その限りにおいては一定の意味を持ちます）。

第1章の2

巡査長

――シニア・ポリス・オフィサー(Senior Police Officer)

上に 9 下は 1

階級構成

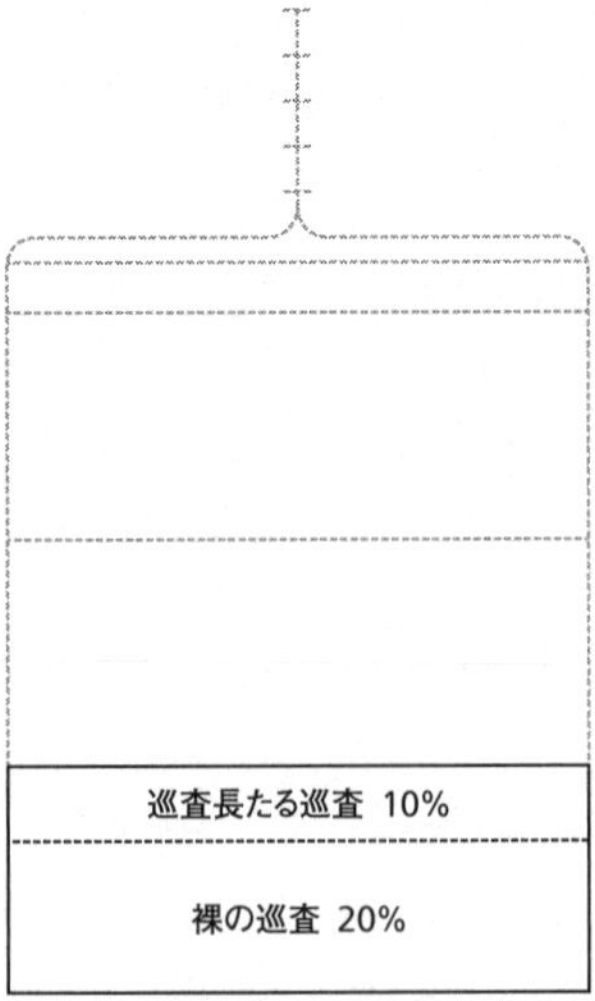

※概数かつイメージである

1 任務と役割

(1) ノンキャリアの最初の階級は巡査、次の階級は巡査部長ですが、階級章を見ると、この両者の間に**巡査長**というモノ（？）の階級章があるのが解ります。これは9ある階級の内には入りません。法令的・制度的には、『巡査のうち一定の監督的業務を行うこととされた者の**職名**』が巡査長です。ゆえに階級の観点からは、**巡査長＝巡査**。実際にも『**巡査長たる巡査**』『巡査長巡査』とか、あるいはよりオフィシャルに『巡査長京都府巡査』『巡査長鹿児島県巡査』等々と呼称されることになります。警察庁の公式英訳では、シニア・ポリス・オフィサーです。

(2) 法令的・制度的には『職名』と割り切れますが、実際上は**呼称**、そして運用上は士気《しき》高揚《こうよう》・士気維持のための名誉称号ということもできます。

(3) この巡査長あるいは巡査長制度は、国家公安委員会が定める国家公安委員会規則（『**巡査長に関する規則**』）によって設けられたもので、これを基準／大元として、各都道府県警察においても根拠となる規則等が制定されています。

(4) 階級ではないのに階級章があるというのがそもそも奇々怪々《ききかいかい》なのですが（私は不勉強ゆえ、その理由というか、階級でないモノの階級章が存在できる理屈を知りません）、警察は［巡査－巡査長－巡査部長］を1つの職団、本書でいう『**実働と執行の職団**』としてとらえています。それは階級章のデザインを見れば一目瞭然《いちもくりょうぜん》です。巡査長の『階級章』も、巡査・巡査部長同様、階級章のタンザク以外ほぼ銀色。巡査の階級章との違いは、タンザクが2本になっていることだけです。袖章《そでしょう》も巡査と同じ『黒地のオビに色線ナシ』、制帽のいわゆる腰《コシ》部分も巡査と同じ『色線ナシ』。

(5) この職団において、『巡査は、警察のあらゆる職務において実働と執行の最前線に投入されるべき職だ』と整理をしました。その任務は、『所属におけるあらゆる上官の指揮監督を受けながら、事件事故その他の警察事象に即応することだ』ともまとめました。また実際上、その役割は斬り込み隊長であり、新入社員のそれであることも指摘しました。これらの諸点は、実際上、ほとんど巡査長にも当てはまります。というのも、繰り返しになりますが、巡査長は階級的には巡査そのものだからです。

(6) といって、巡査長は右のとおり『巡査のうち一定の監督的業務を行うこととされた』巡査ですから、理論上は、巡査と異なる任務と役割をも担っていることになります。その巡査長の任務と役割は

①巡査として勤務する

②勤務をともにする巡査長でない巡査に対し、①を通じて実務の指導に当たる
③勤務をともにする巡査長でない巡査の勤務について、必要な調整をする

ことだと定められています（『巡査長に関する規則』）。ここでのポイントは、巡査長は巡査として勤務するのだということが明示されている点でしょう（①）。右において、巡査の任務・役割のほとんどが巡査長にも当てはまると述べたゆえんです。ただし、わざわざ名誉称号と階級章まで用意しているわけですから、まさか純然たる巡査と同一ではあり得ません。そこで**巡査に対する実務指導**と（②）、**巡査の勤務の調整**（③）という職務が与えられたわけです。ただしその②③についても、『巡査長に関する規則』が極めて慎重な姿勢をとっているのは解ります。というのも②③から解るとおり、そもそも巡査長は、巡査長に対しては②③の職務を行い得ないからです。実務指導や調整ができるのは、巡査長でない巡査に対してのみです。また、②③の用語の解釈からして、その**巡査長でない巡査に対しても、直接の指揮監督はできません**。序章で見たとおり、**階級の本質は指揮監督関係**にあるのですが、巡査長は階級ではないので、実際上は『下』にいる巡査に対しても、階級的な指揮監督権を行使することはできないのです。それゆえ『巡査長に関する規則』は、指揮監督ではなく『指導』『調整』という用語を用いているのです（更に実務的なこ

とを言えば、実務指導なら、例えば優秀な巡査が——巡査長でない巡査が——同じ巡査に対してすることも稀《まれ》ではないなど、そもそも階級を前提とするものではありません)。

(7)『巡査長＝巡査』という観点から、その限界ばかりをまとめてしまいましたが、しかしながら名誉称号でもあれば階級章も別立てなので、組織の中では一般の巡査よりやや重く扱われますし、一般の巡査に比べ、その活躍の幅は広いです。ただ、ある巡査長が警察のどの所属に／どの部門に配置されているかによって、どれくらい重く扱われるか、どれくらい活動の幅があるかにかなりの差異があります。また、例えば警察署の刑事課で無くてはならない貴重な戦力となっている巡査長もいれば、さかしまに、交番の新任巡査より働きが悪く不良《ゴンゾウ》とささやかれてしまっている巡査長もいます。

(8) 巡査長巡査の次の階級はむろん巡査部長ゆえ、巡査長は、巡査として勤務しながら(右の①)、少しずつ部下職員に対する指揮監督の見取《みと》り稽古《げいこ》をしつつ(右の②③)、次々に入社してくる巡査を意識して、次なる巡査部長試験を目指してゆきます。

2 任用と昇任

(1) 任用とか昇任とかいった用語は、階級を上げるときに用いられるものなので、巡査長について用いるのは正確ではないのですが……他章との並びから、そのまま『**どうすれば巡査長になれるか？**』という趣旨で用います。これには、制度論と実態論があります。

(2)　制度としては、**巡査長試験というものはない**こと、巡査長には『**選考**』によってなれることが定められています。まあ警察においては、試験と選考はほぼセットで考えられる用語でして、試験というのは厳格な昇任試験ルート、選考というのは経験・年齢を加味したよりゆるやかな昇任審査ルート、という感じです。ゆえに『選考』という用語が出た時点で、昇任試験のようなガチガチの、蛍《ほたる》の光《ひかり》窓《まど》の雪《ゆき》的な、苦節ウン年的な勉強が必要でないのは明らかです。

(3)　この巡査長の『選考』は、たいてい都道府県警察の副社長――警務《ケイム》部長（警視正以上／役員）――などによる**書面審査**とされています。もし必要があれば面接審査も行い得る、とされていますが、それは良くも悪くも特殊事情があるときくらいのものでしょう（事情があって早過ぎるとか、事情があって弁解を聴きたいとか……）。ならどのような審査がなされるかというと――はたまた、どのような資格要件が求められるかというと、それは概《おおむ》ね次のように規定されています（『巡査長に関する規則』）。

ア　勤務成績が優良であり、かつ、実務経験が豊富な巡査であること

イ　指導力を有すること

このアイの要件は欠くことのできないものですが（裏から言えば、**巡査長とは『勤務成績が優良であり＋実務経験が豊富な巡査であり＋指導力を有する者である』という定義もできるわけです**）、他の要件は選択的です。学歴別要件だからです。すなわち

ウ　勤務年数が6年に達している者

エ　短大卒・高専卒警察官にあっては、勤務年数が4年に達している者

オ　大卒警察官にあっては、勤務年数が2年に達している者

学歴別要件は、要は高卒6年・短大卒等4年・大卒2年の縛りですね（6－4－2）。

(4)　しかしながら、実務・実態は必ずしも右の法令・制度どおりにはゆきません。そもそも、右のウエオの要件は誰もがいつかは満たすことができますが、アイはというと……そこは普段からの勤務がモノを言います。ちなみにアの勤務成績とはいわゆる**勤評**《キンピョウ》を見るのがメインになってくるでしょうし、同じくアの実務経験とはいわゆる**実績**を見るのがメインになってくるでしょう。イの指導力というならそれらの合わせ技です。そもそもアイは主観的要件ですから、その時々の上司等の判断で、ぶっちゃけ如何様《いかよう》にでも判断することはできます。ゆえに客観的な表現が難しいのですが、あれよあれよと、たちまちのうちに

巡査長になってしまう警察官もいれば、同期一斉昇進の慣行に乗って巡査長になったという警察官もいることになります。

(5)　巡査長は都道府県警察のノンキャリアの職名・称号ですので、『巡査長○○県巡査』となるわけですが、この『巡査長○○県巡査』がどのような学歴を有していようと、いったん巡査長の職に充《あ》てられたからには、大卒であろうが短大卒であろうが高卒であろうが、その巡査長としての権限に全く違いがありません。これは巡査の場合と同様です。

(6)　巡査長の昇任ですが、巡査長は巡査ですから、昇任しようと思えば巡査部長試験を受けなければなりません。ここで、巡査が巡査部長試験を受けるためには、先に述べた4－3－2ルール――すなわち高卒巡査は4年、短大卒巡査は3年、大卒巡査は2年、それぞれ巡査をやっていなければならないという縛りがありましたね。このことは、巡査長が巡査である以上、巡査長にもダイレクトに当てはまります。ただ、先のアイ／ウエオの要件を見事満たし、いったん巡査長になった警察官は、ウエオの年数から解るとおり、巡査部長試験を受けるための4－3－2ルールをクリアしていますので、待機期間の問題はない。あとは合格するだけとなります（狭き門ですが……）。巡査部長試験の内容が、巡査と巡査長で変わるということもありません。予備試験（SA）－第1次試験（論文）－第2次試験（面接・術科《ジュツカ》）という試験のあらましも、前章で説明したとおりです。巡査との違いは、合格すれば階級章のタンザク2本がタンザク3本になることです。

(7) ここで、紙幅《しふく》の都合から前章では説明できなかったことを付記します。それはいわゆる**昇任選抜・昇任選考**の制度です。これらは昇任試験との対比で論じられるべきもので、まず昇任選抜とは、巡査部長試験についていえば、例えば

A　巡査の階級に4年以上在級している警察官であって
B　勤務成績が優秀で
C　極めて優れた実務能力及び上位の階級についての高度の適性を有する

警察官を、巡査部長に登用するための選抜制度です。

他方で、昇任選考とは、例えば

A　巡査の階級に在級している警察官であって
B　年齢40歳以上の者で
C　勤務成績が良好で、優れた実務能力、上位の階級についての適性及び豊富な職務経験を有する

警察官を、巡査部長に登用するための選考制度です。警察はこのように、昇任試験以外の

昇任ルートをも用意しています。昇任選抜・昇任選考の方法はいずれも、第1次選抜が書面審査（勤評《キンピョウ》、警察本部の上申書・推薦書等による）、第2次選抜が筆記・口述試験と、かなりザクッとしています。ここで、特に『昇任選考』については、例えばマジメに勤務してはいるけれど、試験にはなかなか合格しない警察官等を救済する意味合いが強いのは明らかでしょう（文言を対比すると、昇任選考が褒賞《ほうしょう》的であることも解ります）。

(8) より具体的には――前章で『だいたい30歳前後で巡査部長試験に受かってほしい』というのが組織の考えらしいと述べましたが――40歳以上でまだ巡査（全員が巡査長でしょうが）となると、勤務意欲の維持・士気高揚の側面・給与保障の観点等から、『そろそろ別コースを用意しよう』となるわけです。

(9) あと昇任試験関係については、『**専門試験**』について触れる必要があるのですが、これは故《ゆえ》あって、第3章の警部補の章で触れます。ここでは、**昇任試験そのものにも『別コース』が用意されているのだ**、とだけ留意しておいてください。

3 職制と配置

(1) 警察ではシンプルに、ある階級をある職名に対応させています。例えば**巡査＝係員**です。**巡査はどこへ配置されても係員**です（機動隊に配置されれば『隊員』でしょうが、機動隊はまた特殊な編制と文化を有するので……）。

(2)　**巡査長＝巡査**なのですから、数式はシンプルに、**巡査長＝巡査＝係員**、となります。理論上は、巡査長というモノそのものが階級でなく職名ゆえ、巡査長＝巡査長でしかない（称号＝職名）と考えるのが正解かも知れませんが……しかし実態論として『係員－巡査長－主任－係長……』などという職制は本能的にどこかオカシイ。やはり巡査長＝係員と割り切ってしまった方が自然です。

(3)　ただし巡査長は『巡査に対する実務指導』＋『巡査の勤務の調整』をする職ですから、巡査も係員、巡査長も係員となると、何のために巡査長制度を設けたのかよく解らなくなる面もあります。そこで、都道府県警察ごとのローカルルールでは、巡査長の職名を**班長**としたり、**指導係員**としたりと、様々な工夫を凝らしていることがあります。

(4)　巡査長の配置の実態ですが、これはもう様々です。巡査として一定の経験と年季を積んでおり、したがって実務に通じているのが巡査長ですから、警察署に配置されることもあれば、警察本部に配置されることもあります。また地域部門＝交番部門にとらわれず、刑事・生安《セイアン》・交通・警備の各ギルドが登用を認めたのなら、それぞれの専務《センム》（刑事課、生安課、交通課、警備課……）で勤務をしていることもあります。年齢が多岐《たき》にわたるため、まさに見習いのような勤務をしている巡査長もいれば、既に実務の中核として活躍している巡査長もいるでしょう。

(5) 交番勤務においては、巡査の先輩・巡査のリーダーとして、年若い巡査を率いつつ、自ら率先して現場臨場・現場措置を行わなければならない立場です。実際の職務執行の内容は、新任巡査とほとんど変わりません。階級としてはいまだ巡査ですから、交番1つを委ねられるなど、いわゆるハコ長となることはありません。ハコ長は基本、警部補ですし、警部補を置かない交番であっても、少なくともトップは巡査部長に委ねるのが通常です。また規定上、1人交番ともいえる『駐在所』を巡査長に委ねることは――禁じられてはいませんが――ハコ長＝警部補たるべきことを考えると、また1人交番＝1人警察署であることを考えると、駐在所の長は少なくとも巡査部長が望ましいでしょう。

(6) 警察署勤務においては、もし私服の専務《センム》員＝内勤《ナイキン》となっているのなら、たいていは警察署の例えば刑事課の、どこかの係のシマの末席あたりにデスクを用意されているのが一般です。そしてこれまた、掃除、お茶汲み、コピー撮り、出前の注文取り、洗濯、書類作成の補助、捜査の補助等々、ルーキーとしての仕事をしてゆくわけですが……かなり実務能力に秀でた巡査長となると、補助どころか自ら捜査仕事も行政仕事もちゃっちゃっと片付けてしまうタイプの警察官もおり、そこは一般化できません。ただし、どれだけ実務能力に秀でていたとしても、一定の期間の内に昇任しない、あるいは昇任意欲そのものがないと認められてしまうと、いつまでも同じ境遇に甘んじていることはできず、究極、ギルドから放逐《ほうちく》されることもあります。

(7) 巡査長は、職制上どのようなラインにいるのか。警察署の刑事課を例にとれば

Ａ課長（警部）－Ｂ係長（警部補）－Ｃ主任（巡査部長）－Ｄ係員（巡査長）

となり、ＡＢＣの各警察官は**上司**です。特にこの場合、Ｃ主任とＤ係員は『ペア』で動くこととされていることが多いと思います。あともし、この刑事課にＥ巡査が配置されているのなら、Ｄ係員の部下というよりは後輩として一緒に何かをするかたち。更にもし、この刑事課にＦ巡査部長やＧ巡査部長も配置されているのなら、ＦＧの両警察官はＤ係員の**上官**となります。ＦＧの両警察官も、それぞれ誰かとペアを組んでいるのが常ですから、ラインの上司のような指揮監督はしないでしょうが——しかし例えば刑事課は行動確認、ガサ、死体見分、放火対応等々でとにかく人手のいる課ですから、いざそうした有事となればＢＣＤＥＦＧひっくるめて一体となって、いわば部隊として動くことになります。そ

のときは、ＦＧの両警察官が上官としてＤ係員を指揮監督することも多くなるでしょう。

(8) 右のように、巡査長は警察のどの所属にいてもおかしくありません。ただその係員としての職位からすると、やはり出《で》城《じろ》である交番に配置されることが多く、次いで支店である警察署に多く、本社である警察本部には比較的少ない――という傾向はあります。加えて若手の巡査長であれば、巡査同様、三交替制の留置管理部門や、気力・体力を求められる機動隊からの引く手が多いという傾向もあります。

(9) 警察部《ブ》内《ナイ》における巡査長の略称は**査長**（サチョウ）で、これは三人称としても二人称としても使います。「あと1人、査長《サチョウ》でも置いてくれたら助かるんだが……」「オイ古野査長《サチョウ》よ、コピーまだか」というのはいずれも警察文法として正しいです。カカリイン、シドウカカリイン等は微妙に長いですし、ハンチョウというと実は巡査部長を指すことも特捜班長を指すことも――状況やローカルルールによっては――ありますので。

4 年齢と処遇

(1) 巡査長昇進には学歴別要件がありますから――高卒6年・短大卒等4年・大卒2年の勤務年数の縛りがありましたね（6－4－2）――下は24歳の巡査長から、上は定年までの巡査長がいることになります。巡査長は階級でなく、選考によって与えられる名誉称号ですし、その選考要件も決して厳格ではないため、どの巡査も——著しく勤務意欲に欠けるとか、信用失墜《しっつい》行為スレスレのことを行っているとか、よほどアレな事情がなければ——その職歴のいつかの段階で、しかも基本的には書面審査で巡査長になれるはずです。

(2) 他方で、50歳代の巡査長というのも稀《まれ》ではありません。警察の各種内規もまた（例えば定年後の再任用に関する内規など）、巡査長で定年を迎えることがあることを当然の前提としています。ちなみに調べてみたら、『退職時に巡査の階級にある者は、再任用の対象とはしない』旨《むね》の規定を設けている県警察もあり——これは当然巡査長についても該当しますから——この県警察においては、①巡査長で退職することも当然あり得るし、②しかも組織としてそのような者を評価しない旨、明確にしているわけです（また、もし仮にそのような明確な規定を定めていない都道府県警察であっても、事実上それと同様の運用をすることは児戯《じぎ》です）。このあたり、老境《ろうきょう》にある巡査長に対する警察組織の目線がどのようなものか、感じることができます。

(3) とはいえ……巡査長が巡査部長に昇任するには、昇任試験を受ける以外にも、例えば年齢40歳以上の者を対象とする、**昇任選考**の制度を用いることができます。また、第3章で説明しますが、昇任試験を受けるとしても若干マイルドなものを選べる『**専門試験**』の制度もあります。それぞれの要件はありますが、マジメに勤務を続け、マジメに職業的スキルを積んでくれれば要件はまず満たされますし、特に昇任選考など、書面・筆記・口述と、いわばAO試験のようなもの。組織として、どうしても試験には受からないが意欲とスキルは充分にある——という警察官を救済する制度は、キチンと設けているといえます。

(4)　私が若い頃読んだとある統計を思い起こせば、警部補の階級で定年退職する警察官が55％前後、それが巡査部長なら20％前後、巡査長なら4％前後であったと記憶しています(巡査で退職という統計は見たことがありません)。少なくとも25年以上前の統計ゆえ恐縮ですが、この傾向が大きく変わっていないとすれば、巡査長で退職というのは……警察官にとっても警察組織にとっても、実に残念なことだと思います。

(5)　巡査長になる年齢が様々なのは既述《きじゅつ》のとおりですが(勤続10年を1つの目安とする運用もあります)——例えばある警察官を警察署の刑事課・生安課・交通課・警備課といった専務《センム》に入れようとすると、専務《センム》は交番警察官や他課の警察官を指導する役割をも担いますから、①これはという優秀な巡査を巡査長にして入れるか、②あるいは実務能力に全く不安のないベテランの巡査長を入れるか、そこには人事上の判断が介在します。特に女性警察官には女性ならではの職務を執行してもらう必要があるため（例えば女子の身体検査、女子の採尿、性犯罪の被害者対策）、もし専務《センム》入りさせるとすれば、かなり早めに巡査長になってもらいますしなれてしまいます。他方、交番勤務の警察官をいつ巡査長にするかとなると、これは主として士気高揚の問題ゆえ、あまり複雑な人事関数は絡《から》みません。

(6) そのような巡査長について、全体の平均年齢をとるなら33歳前後です（X県警察のモデル）。ちなみに裸の巡査の平均年齢は25歳前後でしたね。

(7) 巡査長の処遇《しよぐう》――お給料ですが、これはイメージとして、お給料の表が『巡査の欄《らん》から巡査長の欄にスライドする』ことになります。よって巡査より上がります。またもやごくごく一般化したモデルとしては、概ね28万円弱です（やたらある諸手当を除きます）。そして巡査の場合と同様、階級を上げなければ、より上位の（より高給の）欄にはスライドできません。もし巡査長のままでいるとするなら、年功序列によって最大で40万円強まではは上がりますが、そこで頭打ちとなります。

5 その他特色

(1) 警察の階級構成はピラミッド型ではありません。釣《つ》り鐘《がね》型です。警察の階級構成は巡査3・巡査部長3・警部補3・警部以上1の比率となるよう調整されています。そしてこの『巡査3』のところに無論、巡査長が入ります。よって『巡査3』の具体的な比率は概ね、『**裸の巡査2・巡査長1**』となります。

⑵ **巡査長という職名・名誉称号は昭和42年からのもの**で、第2次世界大戦以前から存在する『巡査』ほど由緒《ゆいしょ》はありません。

⑶ 巡査長という職を経験し得るのは、序章でいう①の**ノンキャリア**の警察官、そして最初はそうであった②の**推薦組**の警察官です。③の旧Ⅱ種と④の**キャリア**は、学校教養《キョウヨウ》のプログラムで『巡査』となることはありますが、巡査長となることはありません。

⑷ 『**司法巡査**』の問題ですが、巡査長＝巡査ですから、刑事訴訟法に基づく一定の権限を行使するときは、やはりこの司法巡査という資格／カンバンでそれをします。**例えば司法巡査長なるものは存在しません**。そしてどのみち、これは実務上、捜査をするときのカンバンなり名札なり……それくらいの意味しか持ちません。

⑸ 日本で最も有名な巡査長を挙げておきましょう。それは無論、両津《りょうつ》勘吉《かんきち》巡査長です。

第2章 巡査部長

——サージェント(Sergeant)

上に 8 下は 2

階級構成

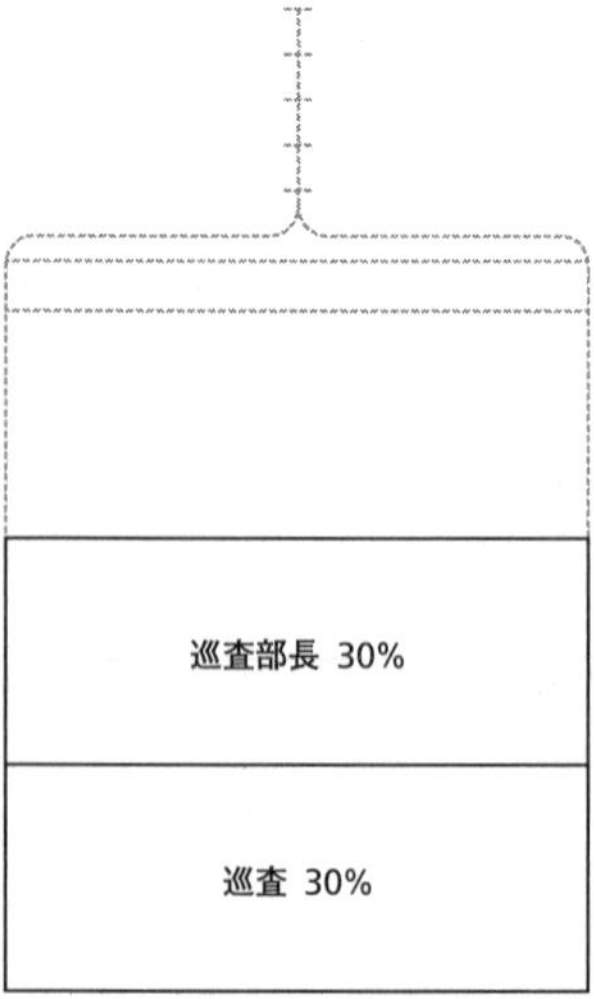

※概数かつイメージである

1　任務と役割

(1)　9ある**階級**のうち第2の階級にして、11ある**階級等**のうち第3のものが巡査部長です。巡査長は階級ではありませんが、**巡査部長は階級そのものです**。よって下位にある巡査に対して（むろん巡査長巡査を含みます）、**上官として指揮監督をすることができます**。巡査長と比較してみてください。巡査長が巡査にできるのは指導と調整だけでしたね。巡査部長はそれを超えて、端的《たんてき》には命令ができます。もとより、上位階級者に対する命令というのはあり得ませんので、命令ができる相手方は限られます。

(2)　警察庁の公式英訳ではズバリ、サージェント……軍隊でいう『軍曹《ぐんそう》』です（ただし英単語としては、巡査部長を表す語としても実に一般的で、その点、英語版警察白書が長らく『ポリス・サージェント』なる語を用いていたのを改正したのは適切だと思います）。

(3)　階級章のデザインは、巡査・巡査長同様、タンザク以外ほぼすべて銀色ですが、巡査部長ともなるといよいよタンザクが3本になります。そしてデザイン上、これ以上はタンザクが増やせません。よって銀色を主としたデザインをした階級章のうち、最上位となります。言い換えれば、［巡査－巡査長－巡査部長］から成る、『**実働と執行の職団**』の最上位階級者が、巡査部長です。袖章《そでしょう》は巡査と違い『黒地のオビに銀線1』、制帽のいわゆる腰《コシ》部分は巡査と同じで『色線ナシ』。

(4)　この職団において、巡査・巡査長は、警察のあらゆる職務において実働と執行の最前線に投入されるべき警察官です。それらの任務は、事件事故その他の警察事象に即応すること。それは実際上、斬り込み隊長としての役割・新入社員としての役割であること。しかしながら、この職団に属する警察官のうち、巡査部長だけは大きく役割を異《こと》にします。成程《なるほど》、巡査部長もまた実働と執行の最前線に投入されるべき警察官ですし、事件事故その他の警察事象に即応することを任務としてもいます。ただし、巡査部長は斬り込み隊長でもなければ新入社員でもありません。**巡査・巡査長を部下に持つ初級幹部です**。よってその役割は、巡査・巡査長と具体的な任務・目的を共有しつつ、**初級幹部としてそれらを指揮して各種タスクを処理させることです**。

(5)　もちろん巡査部長の直上には警部補がいますし、警部補は中級幹部として巡査部長以下を指揮するので、巡査部長による指揮は警部補による指揮に拘束されます。その意味において、**中間管理職としての役割**を適切に果たさなければなりません。ところが他方で、警察の階級構成から、また階級章のデザインから解るとおり、巡査部長は本書でいう『**実働と執行の職団**』にいます。ということは、指揮だけしていればよい、中間管理職だけやっていればよい——という話にはなりません。むしろ巡査等とペアを組み、自ら現場臨場なり職務執行なりを行う、プレイヤーとしての役割も忘れてはなりません。いえ、警察では実は警部補ですら『プレイング・マネージャー』と位置付けられているほどですから、ましてその下の巡査部長となれば、いかに初級幹部・中間管理職といえど、**かなり腰軽く自ら出張ってゆかなければならないポジションにいます**。

(6) その役割をより実際的・実務的に見ると——まさに英訳のとおり『軍曹《サージェント》』そのものです。時として鬼軍曹となり若手の（あるいは若手より働かない不良《ゴンゾウ》の）尻を蹴飛ばしながら自らも第一線で戦い、培《つちか》ってきた職業的スキルを怒鳴る殴る蹴るで……いやそれは今はやっていないと思うので『やってみせ、いってきかせて、させてみて』で伝承してゆき、現場をよく解っていない（と思われる）管理職には焼きを入れ、上への対策と下への対策を行いながら、とにもかくにも仕事を回してゆく。それが巡査部長の役割です。

(7) 巡査部長は初級幹部——警察最初の幹部ゆえ、**警察官はここで初めて職制上の部下を持ちます**。すなわち実績評価、勤務評定、予算執行、超過勤務管理といった**管理職仕事を学び始める**のもこの階級です（決定権者ではないので『学び始める』との表現を用いました）。それは無論、次の階級——中級幹部としての警部補になるための訓練になります。

(8) まとめれば、巡査部長は、①自らも実績を挙げなければならないプレイヤーで、②巡査・巡査長を指揮監督してゆかねばならない中間管理職で、③そろそろプロフェッショナルとしてのスキルを充分に発揮／伝承することが期待される中堅層で、④警部補の下で管理仕事を学び始めた初級幹部である――そういう階級といえます。

2 任用と昇任

(1) 巡査部長に任用される条件は、もちろん巡査部長試験に合格することです。巡査が巡査部長試験を受けるためには一定の期間を待たねばならないこと（高卒4年、短大卒3年、大卒2年の4－3－2の縛り）、巡査部長試験の内容は予備（SA）－第1次（論文）－第2次（面接・術科《ジュツカ》）であること、その合格率は12％～15％程度であることは既述《きじゅつ》しました。また、例えば年齢40歳以上の者については、一定の要件を満たせばこの昇任試験でなく『昇任選考』（書面審査＋筆記・口述）の制度によって巡査部長になれることにも触れました。あるいは、組織として『だいたい30歳前後で巡査部長試験に受かってほしい』と考えている傾向があることについても、御記憶かと思います。

(2) といって、晴れて巡査部長試験に合格すれば、他の条件は何もなしに巡査部長になれるかというと、実はそうではありません(!!)。警察という組織は教養《キョウヨウ》が大好きなので、巡査になった警察官には警察学校で初任科の教養《キョウヨウ》を実施しますし、巡査部長になった者には、一般的には国の機関である**『管区警察学校』において6週間の教養《キョウヨウ》を実施します**。例えば静岡県警察において巡査部長試験に合格した警察官は関東管区警察学校に、長崎県警察において巡査部長試験に合格した警察官は九州管区警察学校に——等々と、出身県に応じ、それぞれに対応する管区警察学校に、ほぼ必ず入校しなければならないのです(年齢的な事情等に鑑《かんが》み、そこまでの教養《キョウヨウ》は必要ないとされた警察官は、地元の＝自県の警察学校に2週間程度の入校をします)。この、管区警察学校又は各都道府県の警察学校における巡査部長昇任時の教養《キョウヨウ》を、**巡査部長任用科《にんようか》**といいます。

(3)　これについては、実は昇任前に入校することも、昇任後に入校することもどっちもあるので、必ずしも『巡査部長になるための条件』とは言い難《がた》い面もあります。ただいずれにしろ、**巡査部長任用科を修了することは絶対の義務です**。昇任前に入校するならそれでよし、昇任後に入校するなら新しいポストの仕事を休み、命令された義務として、基本、管区警察学校がある多賀城市だの堺市だの広島市だのに公務出張をし、全寮制の学業生活を送りつつ、初級幹部として(初めて部下を持つ者として)必要な教養《キョウヨウ》を受けます。階級を上げ、次の階級に任用されるときのこのような教養《キョウヨウ》を**昇任時教養**といいますが（巡査の は**採用時教養**）、実は巡査部長に限らず、警部補に昇任したときも、いえ警部・警視に昇任したときも漏れなく義務的に付いてきます。警察の財産はヒトしかありませんので、警察はヒトの教育訓練に躍起《やっき》になるのです。巡査部長についていえば、この巡査部長任用科を無事修了すれば（試験もありますし、理論的には落第もあり得ます）、他に条件等はありませんので、そのまま巡査部長になれ／巡査部長でいられます。ただし、警察はヒトの教育訓練に躍起になるので、その副次的効果として、学校成績が大事な局面でモノを言うことにもなります。無論、巡査のときの学校成績。そして今般の、巡査部長のときの学校成績。その席次や評定は、今後の人事なり昇任・出向といった大事な局面で参考とされます。昇任時教養は、その意味でまさか慰安旅行でも物見遊山《ものみゆさん》でもありません。

⑷　序章にいう③の警察官、**旧Ⅱ種**の警察官は、現行の国家公務員採用一般職試験に合格し警察庁に採用されれば、そのまま巡査部長に任用され、そこから階級を上げてゆきます。

⑸　次に、巡査部長の昇任について概観すれば（なお**本書を通じて**、昇任試験の在り方については各都道府県で様々な**ローカルルール**があること、よって本書が概説しているのはいわば**平均なりモデルなり多数派なり**であることを御承知置きください）――警察の昇任

試験に一足飛《いっそく》びも二足飛《にそく》びもありませんので、次に狙うのは警部補。よって警部補昇任試験に合格しなければなりません。といって、巡査部長試験と警部補試験の仕組みは大きくは変わりません。やはりまず一定の待機期間なり、実務修練期間の縛りがあり

大卒警察官…………巡査部長の階級に2年以上在級していること
短大卒警察官………巡査部長の階級に3年以上在級していること
高卒警察官…………巡査部長の階級に4年以上在級していること

が、警部補試験の受験資格となっています。ところが、①この**4－3－2ルール、これは巡査部長試験のものと全く一緒**ですね。しかも、②この受験資格を有する者が予備試験（SA）－第1次試験（論文）－第2次試験（面接・術科《ジュツカ》）を受験してゆくこと、③座学というか学科の試験は基礎法学と警察実務であること、そして、④どの段階でも落ちる可能性があるのは、これまた巡査部長試験と全く一緒なのです。**大きく変わるのは、出題内容です**。どのように変わるかというと――ここで再論すれば、**巡査部長は初級幹部、警部補は中級幹部なる位置付け**をされていますね。ゆえに、試験のうち特に警察実務の科目については、これから中級幹部となり、多くの部下を持ち、捜査・行政の中枢に近付くだけの能力があるかどうかが――机上《きじょう》の試験ではありますが――厳しく問われることになって

きます。なお、この警部補試験の合格率は、概ね10％前後となっています（ただ都道府県警察により、かなりのバラツキがあります）。

3 職制と配置

(1) しつこく繰り返しますが、**警察ではある階級をある職名に対応させています**。よって巡査＝係員、巡査長たる巡査＝係員と機械的に定まります。なら巡査部長の職制上の職名は何かというと、『**主任**』です（例によって有事対応の機動隊では『分隊長』ですが）。巡査部長は巡査・巡査長を部下に持ちますので、そのような初級幹部・中間管理職が『主任』であるというのは、他の役所あるいは民間の例を見ても、はたまた一般常識からも、妥当なところでしょう。

(2) 例えば、とある交番に勤務する**B巡査部長**について、職制上のラインを見ると

　A係長（ハコ長、警部補）－**B主任（巡査部長）**－C係員（巡査）

ということになり、A係長が**上司**、C係員は部下ということになります。もしこの交番に他のD巡査部長、E巡査部長、F巡査長が配置されているとすれば、DEの両警察官は同僚であり指揮監督の関係になく、また、F巡査長はラインの係員ではないので、自分は**上**

官として、他の上司たる巡査部長を立てながら、F巡査長に接してゆくことになります（同じ交番でそんな細かいことといちいち考えないよ、というのが実態ですが）。ちなみに交番に警部以上を配置することは稀《まれ》ですし、警部補を複数配置すると指揮系統が乱れるため、基本、右のB主任には『上司はいれど、ライン外の上官はいない』ことにもなります。

(3) 他方で、とある警察署の刑事課に勤務する**丙《へい》巡査部長**について、ラインを見ると

甲《こう》課長（警部）－乙《おつ》係長（警部補）－**丙《へい》主任（巡査部長）**－丁《てい》係員（巡査長）

ということになり、甲課長と乙係長は**上司**、丁係員は部下ということになります。といって、刑事課に係長が1人しか配置されていないということは稀ですので、この刑事課には他にも戊《ぼ》係長なり己《き》係長なりがいるはずです（それぞれが違うジャンルを担当します）。すると、ラインは違えど階級が上ですので、戊《ぼ》・己《き》の両係長は、丙《へい》巡査部長にとって**上官**となります。ここで丙《へい》巡査部長は、平時においてはラインの上司の命令を受け、ラインの部下に命令をしながら職務を執行してゆきますが――しかし例えば人質立てこもりなど、突発《とっぱつ》重大事案が発生するなどしたときは、ラインがどうだの言っていられません。刑事課が渾然一体《こんぜんいったい》となって、部隊として、臨機に上官の指揮監督も受けつつ、はたまた臨機にライン外の部下をも指揮監督しつつ、警察措置をとることとなるでしょう（実際論としては、

本社たる警察本部が黙ってはいないと思いますが）。

⑷　右のＢＤＥ各巡査部長、あるいは乙戊己《おつぼき》の各警部補について、**どのように優劣が定まるのか**というと――有事にあっては極めて重要になります――**実は普段からの人間関係によって自ずから定まる**、という身《み》も蓋《ふた》もない実態論がいちばん説得力があるのですが、仮に理屈の話をすれば、階級がもし一緒なら、**どちらが先にその階級に昇任したか**で定まります。そしてその情報は、意外と日常的に知られているというか、誰にとっても明らかというか――「俺が**先任**だ」「〇〇係長が先任だ」ということは、同じ課で／同じ建物で勤務をする警察官にとっては、知らず知らず覚えてしまう情報です（ただ昇任時期が偶然にも全く一緒となると――私にはそのような事態の経験がないのですが――今度は年齢の上下、あるいはその専務《センム》に／その課にどちらが先に入ったか、課内ポストの格付けはどうか、といった判断基準が出てきます。軍隊組織においては、学校成績が判断基準になるとも聴きますが、警察の学校成績など、担当部門からファイルを引っ張り出してくるだけで大変でしょう。国の役人同士だと俸給表《ほうきゅうひょう》で勝負しますが、警察の現場では聴きません）。

⑸　巡査部長＝主任の配置の実態ですが、警察組織の至る所にいます。警察本部にもいれば、警察署にも、交番にも駐在所にもいます。無論ＰＣなり白バイなりにも乗っています。

割合としては、地域部門＝交番部門が警察官の定員の約40％をも占めますので、交番・駐在所・PCの巡査部長のパイが大きいとは思いますが、専務《センム》＝内勤の登用試験に合格していれば、警察署の刑事課・生安課・交通課・警備課、はたまた警察本部の刑事部門・生安部門・組対《ソタイ》部門・交通部門・警備部門にいても全く不思議はありません。

(6)　もっとも、**初級幹部・中間管理職としての役割は、交番（出城）－警察署（支店）－警察本部（本社）のそれぞれで大きく異なります。**

(7)　まず交番の責任者は一般に警部補1人ですから、それ以上の上司・上官はいないわけで、必然的に巡査部長の果たすべき役割と裁量は大きくなります（その分、どう実績を上げてゆくかに苦慮しますが……）。大きな交番なら、5、6名ものチームの中核として勤務することになるでしょうし、小さな交番なら、警部補はおらず自らが1、2人の巡査をしたがえて活躍することになるでしょう。

(8)　他方で、警察署の例えば刑事課となると、うじゃうじゃというと語弊《ごへい》がありますが、巡査部長もそれなりの数が配置されています。よって交番勤務のように『全体を見つつ自分の裁量で動ける』というよりは、同じ部屋にいる／同じシマにいる警部補の直接の指揮監督を受けながら、ペアである巡査や、後輩である巡査などと一緒に、警部補を頂点としたチームの構成員として、担当する事件を処理・報告したり、チームで担当する事件のパーツ作成を担ったりします。とはいえ、勤務の自由度が下がる一方、専務《センム》員《イン》としてステイタスは上がりますので（やはり交番＝外勤《ガイキン》より内勤が力を持っています……）、刑事課の古参の巡査部長ともなれば、もう階級云々《うんぬん》を超越したまさに鬼軍曹。警部補も恐いことは恐いですが、巡査の日常の指導に当たるのは巡査部長ですから――例えば捜査書類の添《てん》削《さく》・やり直し指導なども鬼軍曹の担当ですから――その名は刑事課そのものの巡査はもとより、警察署中の巡査に（あるいは時としてそれ以上の警察官にも）鳴り響きます。もちろん人間の組織ですから、時に仏様のような巡査部長もいるのですが、態度・言動が仏様でも、仕事に関しては鬼ということが多いです。現場にいちばん近い幹部ですしね……

⑼　はたまた、警察本部の巡査部長となると、更に裁量・自由度が狭まり、時としてデスクもシマの末席になったりします。ちなみに私が勤めた警察本部の課複数では、そもそも巡査長の配置がなかったので、そのようなときは必然的に巡査部長が末席となるわけです。この場合、仕事の専門性は極めて高いものの、ポジション・役割としてはほとんど巡査と一緒。時に警部補とチームを組みながら、実働員として勤務をすることになります（部下がいなければ初級幹部も人事管理も勤務評定も何もありません）。ただ当然、警察本部の

巡査部長ともなれば、交番の巡査部長・警察署の巡査部長よりステイタスがあります。警察本部の専務員＝ギルド員として登用されるというのはエリートの証《あかし》ですから。といって、そのような者がいつまでも警部補に昇任しない、あるいは昇任意欲に欠けると認められてしまうと、ギルドもギルドの将来と新陳代謝《しんちんたいしゃ》を考えなければなりませんから、究極、ギルドから放逐《ほうちく》されることもあります。エリートたる警察本部員にとって、ギルドから放逐されることは、激しい屈辱か、時に職業上の死をも意味します。

⑽　巡査部長の警察部内《ブナイ》における略称は**部長**（ブチョウ）で、これまた三人称としても二人称としても使います。「あそこのハコは部長《ブチョウ》がしっかりしていないから……」「古野部長《ブチョウ》、警電《ケイデン》です!!」というのはいずれも警察文法として正しいです。他方で『主任』というのは、私が経験したかぎり、三人称としても二人称としてもあまり使用されません。その理由は解りません。ただ、警察官でない一般職員にも『主任』という職名があるので、それとの差異化を図るため、とか……？　ただそれにしたところで、**巡査部長もブチョウなら、警察本部の刑事部長、交通部長……といった役員もまたブチョウ**ですから、巡査部長と警視正クラスを同じ呼称で呼んでいるわけで、そっちの方が市民にとって面妖《めんよう》な気もします。

４　年齢と処遇

(1)　巡査部長試験は、先に述べた待機期間・実務修練期間を経なければ受験できませんでした。再論すれば、高卒４年・短大卒３年・大卒２年の縛りがありました（４－３－２）。これを極めて単純なモデルにすれば、例えば大卒・新卒の警察官だと

①最初に警察学校へ入校した時点から巡査なので、勤務年数（巡査在級年数）のカウントはそこから始まり

②『巡査1年目（22歳）＋巡査２年目（23歳）』の２年で縛りがなくなるため

③縛り明けの『巡査３年目（24歳）』で巡査部長試験を受けられることになり

④晴れて一発合格すれば、翌年の人事異動に乗って昇任・配置されることになるので

⑤結局は『巡査４年目（25歳）』で巡査部長になる

というのが最短でしょう（**旧Ⅱ種**は除きます。なお**キャリア**は巡査部長を経験しません）。また同様の計算で、２年制の短大卒だと24歳、高卒だと23歳が最短となります。したがって、旧Ⅱ種の巡査部長を除けば、**高卒の新卒者が最も早く巡査部長になれる**ことになり、かつ、**全体を通じて23歳の巡査部長が最も若い巡査部長**ということになります。ちょっと

した大学生と変わらない年齢の若い子が、巡査を部下に持つ初級幹部・中間管理職になるというのは、私も改めて書いてみてちょっと吃驚《びっくり》、ではありますが……

(2) ただこれは制度の話。あるいは、ちょっと『釣り』の入った採用パンフの話です。実際の所、巡査部長試験の合格率は12%〜15%ほど。一発合格は厳しく感じられます。ましてこの合格率は、最初にチャレンジした者についての統計でも何でもないので——ある年に受験したあらゆる巡査をひっくるめての割合なので——極論、この12%〜15%ほどの内に初回受験者はただの1人もいない、という可能性もあります。ただ無論、都道府県警察としても将来のエース候補・役員候補は作っておきたいものですから、何も意地悪で狭き門にしている訳ではありません。まして『絶対に一発合格させない!!』などという政策はあり得ません。そこは『実力本位、年齢・回数無関係、結果がすべて』です。ただ……

(3) 極めて、著しく、際立って、顕著《けんちょ》に、誰がどう見てもエース候補だ——といった人材でないと、23歳〜25歳で巡査部長になるというのは、何よりも本人にとって酷《こく》です。というのも、その年頃だと普通は警察署の地域課=交番部門の経験がほとんど。刑事課・生安課・交通課・警備課といった専務《センム》のことはほとんど解りません(事情は留置管理部門でも機動隊でもさほど変わりませんし、仮に刑事課等へ専務《センム》入りできていたとして、やっていることはギルドの末端構成員=見習いです)。ようやく1人での職務執行に不安が無くなったかどうか……まして縷々《るる》述べたとおり、警察組織としては『だいたい30歳前後で巡査部長試験に受かってほしいなあ』と考えている傾向がありますから(言い換えればそれが現実的な落とし所で、それでも優秀な方)、それを踏まえると、最短コースをたどったこの巡査部長の同僚はほぼ年上だけ。しかもその同僚らは、より実務経験を積んでおり、まして専務《センム》経験すらあるかも知れません。そうなると、よほど密度の濃い勉強をし/よほど密度の濃い実務経験を積んでゆかないと、それ以降の職業人生で『つぶれる』『つぶされる』可能性があります。いえ既に巡査部長の段階でそうなるかも知れません。そうした意味で、あまりに超特急な昇任は、本人にとって酷《こく》です。

(4) しかしながら、時には極めて、著しく、際立って、顕著に、誰がどう見てもエース候補だという人材は実際にいまして……そうした輝ける者は平然と一発合格を繰り返し、『困ったな、ちょっと足踏みさせないと定年までポストの遣《や》り繰《く》りができない』と人事部門を困らせつつ、最終的には**ノンキャリア**の最終到達点、都道府県警察の筆頭役員(総務部長・警視長、刑事部長・警視正等々)にスルリと登り詰めたりします。

(5) 最年少巡査部長の話とともに、最年長巡査部長の話もすると、これはシンプルで、定年が60歳なら60歳の巡査部長が最年長巡査部長です。古い統計ではありますが、警部補の階級で定年退職する警察官が55%前後、巡査部長なら20%前後ですので、警察官が5名いれば、うち1名は巡査部長の階級で警察組織を去るイメージです。

(6) ただこれは、巡査長で退職するのとは、組織における意味合いが違います。巡査長での退職はちょっと、組織にとっても本人にとっても残念な面がありますが、巡査部長での退職は――特段、再任用における制約とかはありませんし――特に『この道ひと筋30年!!』はたまた『自分はこの階級で、自分に合ったこの分野に骨を埋《うず》めるのだ……』と考える職人警察官が敢えてそうするケースも少なくないので（特に駐在所等に骨を埋める警察官が典型的ですね）、本人にとって残念であるとは言い切れません。むしろ、階級を上げれば新しい職場・新しい部門を経験しなければなりませんし、部下がふえて管理仕事の割合も大きくなってきます。よって職人肌の警察官の場合、敢えて階級を上げないことを選ぶのも稀《まれ》ではないのです（ただし、そこは人間の組織ですから、どうしても『上がりたかったのに上がれなかった』警察官が一定数出るのはやむを得ません。私も、すべてが円満退職だなどと綺麗事《きれいごと》をいうつもりはありません）。このことを考える際、巡査部長は軍曹、時として鬼軍曹であるということを思い出してください。そうした下士官として職を全《まっと》うする警察官も、少なくはないのです（特に巡査部長と警部補の場合はそうです）。

(7) 巡査部長についても全体の平均年齢をとるなら、39歳前後です。上下の幅がありすぎて、数値としては意味をなさないでしょうが……

(8) 巡査部長の処遇《しょぐう》（お給料）ですが、イメージとしては、**お給料の表が『巡査／巡査長の欄《らん》から巡査部長の欄にスライドする』**ことになります。当然、巡査／巡査長より上がります。概ね33万円前後となります（X県。なお基本給の話。バカにならない諸手当は別）。そして巡査／巡査長の場合と同様、階級を上げなければ、より上位の（より高給の）欄にはスライドできませんので、もしそのまま巡査部長の階級に留まるとすれば——年功序列によって最大で43万円弱までは上がりますが、そこで頭打ちです。

5 その他特色

(1) 警察の階級構成は、今は『巡査３・巡査部長３・警部補３・警部以上１』の釣《つ》り鐘《がね》型ですが、１９９６年までは、実はピラミッド型（客船型？）でした。計算の便宜《べんぎ》のため、端数《はすう》を丸くして単純化すると、１９９６年までは

巡査９・巡査部長７・警部補３・警部１・警視０・５

だったので、巡査と巡査部長がデンと幅広く、警部補以上がグッと尖塔《せんとう》になっていました。往時《おうじ》は、巡査部長のステイタスも、巡査部長になる難易度も今より高かったことになります。少なくとも、巡査1・巡査部長1という現在より、巡査部長の幹部としての位置付けは高かったでしょう（ゆえに、試験も更に狭き門だったでしょう）。

(2)　巡査部長という階級ですが、これは１８９０年に設けられたもので、第2次世界大戦を生き延び、戦後のいわゆる旧警察法にも規定されていました。

(3)　巡査部長という階級を経験し得るのは、序章でいう①②③の警察官です。要は④の**キャリア以外の全ての警察官**です。また例えば、会計・語学・ＩＴ等の分野において顕著《けんちょ》なスキルを有する民間の方を中途採用するときなどは、巡査部長あるいは警部補の階級で迎えることが多いです。

(4)　例の**司法巡査**の問題ですが——巡査部長は巡査ではありません。ゆえに司法巡査ではあり得ません。そもそも警察官が刑事訴訟法に基づく一定の権限を行使するときは、**司法警察職員**という資格／カンバンでそれをするのですが、**司法警察職員＝司法巡査＋司法警察員**となっていまして、よって巡査部長は『司法警察員』なるカンバン・名札を持つことになります。というか、**巡査部長以上の階級にある警察官は、すべて司法警察員のカンバ**

ン・名札を持ちます。よって、アシスト役である司法巡査に比べ——たとえ巡査部長であろうと——司法警察員として刑事訴訟法上できること／やらなければならないことが一気に増える、はずですが……重要な局面では警部・警視の決裁が不可欠ですし、どんなカンバンがあろうとも刑訴法で定められたルールを守るだけのことですから、警察官にとって「俺は司法警察員だぞ!!」なる誇らかな意識を持つ局面は、全然ありません。

(5) 日本で最も有名と思われる巡査部長を挙げますと、ネタ被《かぶ》りで恐縮ですが、やはり両津巡査長のあの上司、大原大次郎《おおはらだいじろう》巡査部長でしょう。

第3章
警部補
——インスペクター(Inspector)

上に 7 下は 3

階級構成

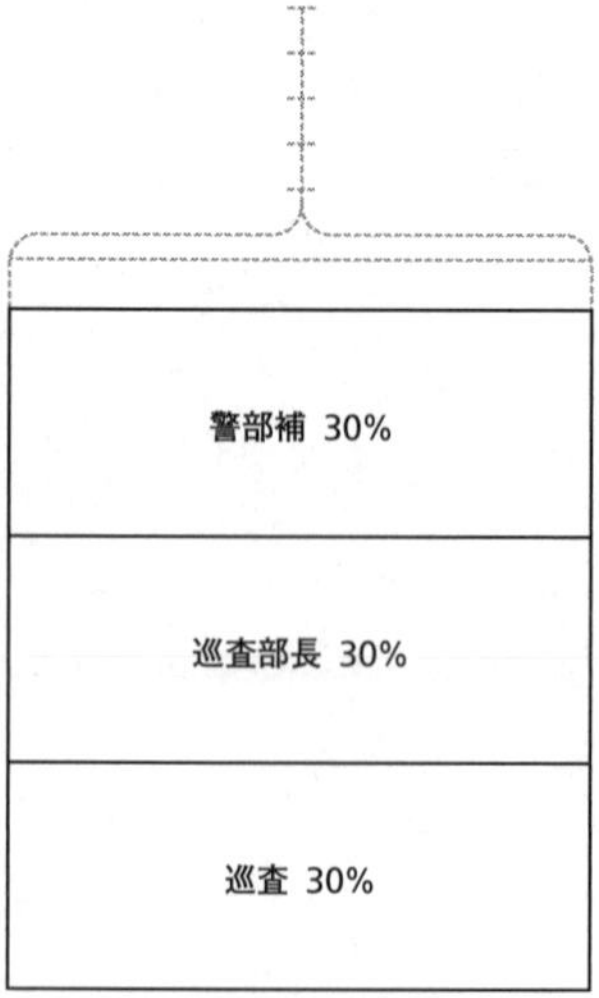

※概数かつイメージである

1 任務と役割

(1)　9ある**階級**のうち第3の階級にして、11ある**階級等**のうち第4のものが警部補です。無論、巡査長と異なり階級そのもの。したがって、下位にある巡査部長・巡査に対し（巡査長巡査を含みます）、**上官として指揮監督をすることができます**。要は職務上の命令をすることができます。なお当然ですが、警部以上に対する命令はできません。ここで、警察の階級構成は『巡査1・巡査部長1・警部補1』となっていますから、極めて理論的には、巡査部長に比べて部下が倍になる勘定《かんじょう》ですね（実態は所属《ショゾク》や係によってまるで違います）。

(2)　警部補の、警察庁の公式英訳はインスペクター。ただこの英単語は一義的でなく、警察の分野にかぎっても、監察官だの警視正だの警部だの警部補だの刑事だの、様々な訳が充てられます。はたまたフランスなど、制服警察官と私服警察官で階級の呼称を分けていましたので、インスペクター（アンスペクトゥル）とは私服の警部を指していました。そのような複雑さ面妖《めんよう》さもあってか、我が国でも英語版警察白書が長らく『アシスタント・ポリス・インスペクター』なる語を用いていたところ、２０１３年に現行のとおり改められた経緯があります。個人的には、旧訳の方がいかにも警部補っぽい感じがしますが。

(3)　警部補の階級章のデザインは、巡査部長以下とは大きく異なってきます。これまで見てきた［巡査－巡査長－巡査部長］の職団については、その階級章は、階級章の横板——いわば地金も、横板下方の桜葉——いわば下支えもすべて銀色でした。金色なのは桜の代紋（日章）とタンザクだけでした。パッと見、ほとんど銀色です。しかし警部補が入る［警部補－警部－警視］の職団となると、地金は銀のままですが、下支えの桜葉が金色になり、一見して金の領域が大きくなります。タンザクも引き続き金です。シンプルにいえば、「何だか金色が入ってきたな？」とパッと識別できるのがこの職団の階級章で、うち警部補の階級章はタンザク1本です。警部補はこの職団における最初の階級です。袖章《そでしょう》は『黒地のオビに金線1』、制帽のいわゆる腰《コシ》部分は『紺線1』。

(4)　本書では、［巡査－巡査長－巡査部長］の職団を『実働と執行の職団』と位置付けていますが、**この［警部補－警部－警視］の職団については、『指揮の職団』と位置付けたい**と思います。この職団における警部補の任務は、警察における**中級幹部**として、巡査部長及び巡査を指揮しつつ、警察事象に即応するとともに、警察組織の管理の一部を担うこと——といえるでしょう。巡査＝係員は実働員。巡査部長は初級幹部。警部補は中級幹部。よって巡査部長に比べ、警察組織の管理仕事の割合がより大きくなってきます。例えば、巡査部長が交番なり警察署なりで始終イスを温めていることは考えられませんが、警部補となると、具体的に委ねられた職によっては、延々デスクワークに追われ、ExcelやPowerPointと格闘している警察官がいても不思議ではありません。

(5) この職団における警部補の役割は、これは警察永遠の流行語大賞のようなもので、**『プレイング・マネージャー』**(Playing Manager)です。要は**実働者たる管理者**。ちなみに**警察で管理職というと警部以上を指します**ので、ここでは『管理者』なる用語を用いましたが、端的《たんてき》には**外回り半分、デスク半分**といった感じでしょうか。いちばん解りやすい例は、交番の警部補です。警部補はハコ長、交番のトップ。交番は警察署の出城《でじろ》・出張所なのですから、なら出張所長としてどっしり構えて警棒でも磨いていればいいのかというと……まさか全然そんなことはなく、いざ事件事故等が発生すれば、巡査・巡査部長と一緒に素っ飛んで行かなければなりません。事件事故が発生しなくとも、巡査・巡査部長と同様の、警ら・職務質問等をしなければなりません。もちろん警部補は中級幹部ですから、巡査のような斬り込み隊長・新入社員がやるようなタスクとは基本、無縁ですが、そして巡査・巡査部長に対する指揮命令権や勤務評定権を持ってはいるのですが、なんと**自分自身もナチュラルに外回りの営業仕事を組まれてしまっています。**ゆえに警部補は、そうしたプレイング・マネージャーとして、**『自ら率先して実務をこなす姿を見せつつ、ともに活動する巡査・巡査部長のＯＪＴをしたり技能伝承をしたりする』**ことになります。また、**『実際に現場でともに活動するからこそ、部下である巡査・巡査部長の業務管理や人事管理が適正にできる』**ことにもなります。それが中級幹部という言葉の意味合いです。

(6)　警部補がやる警察組織の管理は――業務管理や人事管理など――巡査部長のそれとは質・量ともに大きく異なることになります。部下の数も多くなれば、自ら確認しなければならないチェックポイントも激増するからです。よって警部補は、巡査部長時代に学び始め見習ってきた管理仕事を、いよいよ自分自身の職責としてとらえはじめ、今度は管理職たる警部の在り方を見習いつつ、上級幹部になるための訓練を積んでゆくわけです。

2　任用と昇任

(1)　警部補に任用される条件もまた、警部補試験に合格することです。昇任試験の受験資格として、前の階級に一定期間在級していなければならないことは、そろそろ耳胝《みみたこ》なほど指摘してしまっていますが――それは警部補試験についても全く一緒です。というか、巡査部長試験の受験資格と、警部補試験の受験資格は、実は同じです。具体的に言うと

高卒警察官にあっては、巡査部長の階級に4年以上在級していること
短大卒警察官にあっては、巡査部長の階級に3年以上在級していること
大卒警察官にあっては、巡査部長の階級に2年以上在級していること

が受験資格で、その試験の内容についても、

予備試験（SA）
第1次試験（論文）
第2次試験（面接・術科《ジュツカ》）

となっており、これまたスタイルとしては巡査部長試験と変わりません。その合格率は、都道府県警察によって実にかなりのバラツキが見られますが（公表されています）、10%前後といったあたり。なお、例えば年齢50歳以上の者については、一定の要件を満たせばこの昇任試験でなく『**昇任選考**』（書面審査＋筆記・口述）の制度によって警部補になれることも、巡査部長試験とほぼ同様です。試験のどの段階でも落とされること、前の階級の昇任試験より難易度が高くなることも、これまで説明したとおりです。

(2)　試験の話になりましたので、これまで説明しそびれていた『**専門試験**』について触れます。これは右の昇任選考ではなく、飽くまで昇任試験なのですが、縷々《るる》説明してきた狭

き門である昇任試験＝**一般試験**とは異なるものです。この専門試験は、巡査部長試験にも警部補試験にも警部試験にもありますが、ここでは具体的に、警部補試験の専門試験について見てみましょう。警部補に昇任すべく、警部補試験を受けようとする警察官は、一般試験を受けるのか、専門試験を受けるのかを自由に決められます。ただし、警部補試験についていえば、もし専門試験を受けるなら、学歴を問わず『巡査部長の階級に**8年以上**在級していること』が受験資格となります。またその試験内容は、一般試験に比べ、『**自分の専門でない警察実務の科目は受けないでよい**』ものとなっています（正確には、一般試験だとあらゆる専門分野の警察実務科目を受験しなければならないところ、専門試験ではそれが1科目でよいこととされています――ゆえに例えば、刑事の叩き上げであれば、警察実務の科目については、刑事警察実務だけを受験すればよく、生安・地域・交通・警備といった科目は捨てることができます）。また、専門試験ではSAを省略し得る――とする例もあります。

(3)　右が『専門試験』のあらましですが、8年以上の要件とか、試験科目の緩和とかを踏まえれば、これが一般試験より広き門であることは明らかでしょう。更に言えば、もう御理解いただけたとおり、これは『お勉強は苦手だが実務はピカイチ』『お勉強をする気はないが、上司としてはどうにか昇任してもらいたい』『職人肌もよいが、階級を上げて後進の育成に当たってもらいたい』といったタイプの警察官に対応するための試験です。

(4) 要するに、階級を上げるためには、①まず王道として**一般試験**を受け、②それでも通らない／通る気がないなら**専門試験**を受け、③専門試験も受けないならば――かなりの年を重ねることにはなりますが――**昇任選考**を受けると、こういう構造になっています。

(5) 専門試験の話を警部補の章でしたのは、プレイング・マネージャーたる警部補は**実働員のトップでありかつ中級幹部**なので、組織としては『どうか警部補までは昇任してもらいたい』という意図があるからですし（それは退職時の階級の割合にも表れています）、実際、どれだけ職人肌で頑固で階級なんぞに興味ない警察官でも、**管理職でない＝警部でないところまでは、まあ昇任してやってもいいかな**と考える警察官が少なくないからです。

(6) 試験の話を終え、任用の話に戻ります。警察という組織は、教養《キョウヨウ》が大好きでしたね。よって警部補に昇任した／昇任する者には、漏れなく義務的に、**警部補任用科**という**8週間**の全寮制教養《キョウヨウ》が待っています。これも国の機関である**管区警察学校**において実施されます。ただ年齢的な事情等に鑑《かんが》み、そこまでの教養《キョウヨウ》は必要ないとされた警察官は、地元の＝自県の警察学校に2週間程度の入校をします（とサラリと書くと後者の方がいいように思えますが、これは実は残酷なことです……）。いずれにしろ、階級が上がればこうした**昇任時教養**が待っています（試験あり／落第あり／警察学歴として今後に影響あり）。

(7) また、**キャリア**について述べると、最近ではフィクションにおいて有名な事実となりましたが、キャリアの警察官は最初から警部補の階級を与えられます。警部補への任用の極めて特殊な例です。任用のための試験は、国家公務員採用総合職試験（旧I種試験）。最初の入校は、国の警察大学校（初任幹部科）です。

(8) 最後に、警部補の昇進についてですが——昇任試験のあらましはこれまでの各章で重複を恐れず繰り返してきたので、警部昇任試験については次章でまとめて触れます。

3 職制と配置

(1) 職制上、巡査＝係員で、巡査部長＝主任でしたね。**警部補は『係長』になります**（これも機動隊の話をすれば、『小隊長』ですが）。ここでやはり、とある交番に勤務する**B警部補**について、職制上のラインを見ると、最もシンプルには

B係長（ハコ長、警部補）－C主任（巡査部長）－D係員（巡査）

となります。しかし**警部補は交番のトップ**なので、例えばこの交番に他にもE主任、F主

任、G係員、H係員が配置されているとすると、B警部補はCDEFGHの各警察官すべてにとって**上司**となります。**自分がピラミッドの頂点**だからです。当然、ライン上の上司として、CDEFGHの各警察官すべてを指揮監督・命令できます。また交番においては、B警部補は上司も**上官**も持ちません。よって自分の城たる交番の運用については当然、自分が責任者となります。警部補が『係長』であることがよく解ります。交番という1つのユニット、1つの係の長《オサ》だからです。

⑵　他方で警部補は『**中級幹部**』でもあります。このことを見るため、視点を交番から警察署にひろげてみると、実は右のB警部補の職制上のラインは

A地域課長（警部）―**B係長（警部補）**―C主任（巡査部長）―D係員（巡査）

となります。実際に、とある交番に勤務するのはB係長以下の警察官ですが、この警察署が持つすべての交番・駐在所を束ねる管理職として、地域課長という警部が置かれます（普通は三交替制に対応して3名の地域課長が置かれます。自分も三交替制で泊まるわけです）。それを右では『A地域課長』としていますが、このA地域課長は普段、交番にはいません。警察署のデスクにいます。そこで管理職仕事をしています**（警部以上＝管理職）**。よって、視点を警察署までひろげますと、B係長には**上司**がいます。また、交番にいるB

係長に対し、警察署のZ刑事課長（警部）が何か依頼をするかも知れません。このとき、Z刑事課長はB係長の**上官**になるわけです。自分のラインにはいないからです。

(3) もちろん警部補＝係長は地域部門だけにいるわけではありません。巡査部長同様、警察の至る所にいます。右のZ刑事課長の下にもいます。当然、複数が配置されているのですが、話を単純化すれば、Yという警部補ひとりに着目したとき

　Z刑事課長（警部）－**Y係長（警部補）**－X主任（巡査部長）－U係員（巡査）

と、その職制上のラインはB警部補のそれと全く一緒になります。階級が職名に対応しているからです。ただ重ねて、警察署の刑事課に警部補が1人しかいないということはないので、当然他にもT係長、S係長、R係長などなどが刑事課にいるわけですが（そこは交番と違います）、これらRSTYの各係長は、刑事課（刑事部屋）において**それぞれ別個の係を指揮しています**。これもまさに『係長』です。ここで、それぞれ別個の係――というのは、例えばR係長は強行犯《きょうこうはん》係を、T係長は盗犯《とうはん》係を、S係長は鑑識係を、Y係長は庶務係を――といった感じで、刑事課の事務を分掌《ぶんしょう》しているということです。そして自分はその係の長《オサ》として、複数の巡査部長・複数の巡査をしたがえ、**自分自身も事件処理をしながら（プレイング・マネージャー）、係全体として警察署管内の事件処理がきちんとでき**

るよう、あるいは係全体として実績を挙げてゆこうとするわけです。

(4)　交番には1人の警部補が、警察署の刑事課には複数の警部補が配置されると述べましたが、他ではどうかというと――むろん警察署の警務《ケイム》・生安・交通・警備といった各課にも、右の刑事課同様、複数の警部補が配置され、それぞれの係なりユニットなりを指揮しています。**警部補ともなれば、それぞれの専務《センム》ギルドの中枢要員**であり、刑事なら刑事、生安なら生安で、かなりの実務スキルを磨いてきた猛者《もさ》ですから。

(5)　警察署の警部補＝係長となると、**非管理職のうちのドン**なので、巡査・巡査部長から見れば、専務《センム》ギルド員としての重みも加わり、かなりのステイタスを感じることでしょう。そもそも『巡査部長が鬼軍曹的な役割を担っている』のですが、そうした鬼軍曹と警部補の間には**非管理職としての連帯感**がありますし、他方で、警部以上となるとどうしても役人仕事・役所仕事がふえて官僚的にならざるを得ないため、**警部補以下と警部以上の間には、目には見えない厳然とした峡谷《きょうこく》なり山脈なりが存在します**。言い換えれば――『職人芸を極めたい。他人から口出しされたくない』『自分の思うように仕事ができれば、これ以上の立場は望まない』といった頑固《がんこ》一徹《いってつ》警察官にとって、警部補は実に居心地のよいポジションとなります。また、警部補ともなればお給料も決して悪くはありません。

警察において、警部補で定年退職する警察官の割合が最も大きい理由の1つには、そうした組織文化もあるように思われます。ともかく、警察署の警部補は『偉い』です。

(6) 他方で、もちろん警察本部にも警部補は配置されます。ナチュラルに配置されます。巡査・巡査部長となると警察署の方により多くいますが（両者合わせて平均をとると80%前後は警察署にいます）、警部補となると30%〜40%は警察本部にいるでしょう。警察本部のあらゆる所属《ショゾク》に満遍《まんべん》なくいます。まして**警察本部の専務員《センムイン》ともなれば、最高位のステイタスを認められます**。警察本部の専務《センム》に登用される・引き抜かれるというのは、時に階級が上がる以上の栄誉です。しかしながら、実にステイタスが高い分、警察本部における警部補は、『プレイング・マネージャー』のうちプレイヤーの側面をより強く求められます。それはそうです。警察本部にいる巡査・巡査部長は警察署よりずっと少ないのですから。それは要は、自分の部下となってくれる警察官が少ないことを意味しますから。

(7) 一般論としては、交番（出城《でじろ》）－警察署（支店）－警察本部（本社）という構造を考えたとき、第一線／現場に近い警部補の方が部下と裁量に恵まれ、そこから遠い警部補の方が部下と裁量が少なくなる。ザクッとまとめればそうなります（ただし、警察本部といえども自動車警ら隊、機動捜査隊、交通機動隊、機動隊といった執行隊《シッコウタイ》は、むしろ現場そのものにいると言えるため、また空気と文化と運用とが異なってきます）。

(8)　警部補の警察部《ブ》内《ナイ》における略称は**補**（**ホ**）。これは三人称や文書で用います。「今度の雑踏《ざっとう》警備の人出しは補《ホ》が1、部長《ブチョウ》が2かよ……誰にすっかな……」というセリフ、はたまた捜査本部編制表などで「補　古野（捜一）」とか表記するのは自然ですが、しかし「古野補、ちょっと来てくれ～」というような二人称での使用はしません。このときは「古野係長、ちょっと来てくれ～」が警察文法として正しいです。理由は知りません。

4　年齢と処遇

(1)　最短で巡査部長になれるのは、高卒で23歳、短大卒で24歳、大卒で25歳でした。そして、巡査部長が警部補試験を受けるための実務修練期間が高卒4年・短大卒3年・大卒2年でしたから、これまた極めて単純なモデルでは、大卒警察官だと

①巡査部長1年目（25歳）＋巡査部長2年目（26歳）で縛りが明け
②巡査部長3年目（27歳）で警部補試験を受けられることになり
③晴れて一発合格すれば、翌年の人事異動に乗って昇任・配置されるので
④結局は、巡査部長4年目（28歳）で警部補になる

ことになり、これが最短です（**キャリア**と**旧Ⅱ種**を除きます。キャリアは採用時に警部補、旧Ⅱ種は4年前後で警部補）。ところがどうして、同様の計算をすると——短大卒でも28歳、高卒でもやはり28歳が最短となるため、結局**どの学歴区分であっても、28歳の警部補が最も若い警部補**になります。社会常識で考えても、採用後6年〜10年の中堅が『係長』だというのは、最短巡査部長の話と比べればさほど違和感がないようにも思われますが……

(2)　ただそれも制度の話、ちょっと『釣り』の入った採用パンフの話です。警部補試験の合格率は、バラツキがあるものの概して10％前後なのですから。普通にマジメな、普通に優秀な巡査部長であれば、待機期間が制度上2年〜4年であるとしても、その倍以上は初級幹部としての修練を積まないと、次の中級幹部が務まらないか、かなり苦労をすることになるでしょう。専務《センム》のギルド員としても、まだまだスキルを磨かねばなりません。

(3)　警察組織が適切なモデルとして考える警部補昇任年齢を調べると——諸々《もろもろ》の広告宣伝を総合すれば、『だいたい40歳弱で警部補試験に受かってほしいなあ』と考えているらしきことが解ります（巡査部長については30歳前後でしたね）。そうしますと、組織としては、**初級幹部＝巡査部長としての修練を10年弱ほど積んでから、中級幹部＝警部補になっ**

てほしいと、こう考えていることになるでしょう。ここで警部補試験のうち『**専門試験**』を受けるための資格を思い出してください。『巡査部長在級8年』でしたね。これすなわち、**8年経てば初級幹部としてもギルド員としてもそれなりの実務能力が涵養《かんよう》されるだろうと**、そういう判断でしょう（ただし以上のことは、前章でもお話しした**エース候補の場合は全く別論**です。ちなみにここで述べておくと、エース候補は大卒にも高卒にもいます。というか外部の学歴には左右されません）。

(4)　最年少警部補は右のとおり28歳ですが、最年長警部補は――これは定年を迎える警部補です。警察では、警部補の階級で退職する警察官が最も多いです。言い換えれば、［巡査―巡査長―巡査部長］という**実働と執行の職団は卒業し**、［警部補―警部―警視］という**指揮の職団には入るものの、そのうち最も現場に近く、最も実働員として動ける階級で退職する警察官がいちばん多い**――ということです。無論、それ以上の昇任をしたくとも果たせなかった警察官は数多《あまた》いるでしょう。ただ、それなりに多くの現場警察官と触れ合ってきた経験から言えば――実務のおもしろさと、管理職（＝警部以上）としての責任とを天秤《てんびん》に掛けたとき、前者を優先して敢えて警部昇任試験を受けない警察官も決して少なくはありませんでした。

(5) 警部補全体の平均年齢をとると、45歳前後です。上下の幅によってさしたる意味をなさないのはこれまでと同様です。

(6) 警部補の処遇《しょぐう》ですが、今度はお給料の表が『巡査部長の欄《らん》から警部補の欄にスライドする』ことになり、当然、巡査部長よりお給料が上がります。概《おおむ》ね40万円弱です。また、階級を上げなければより上位の欄にはスライドできませんので、もし警部補の階級に留まるのであれば、年功序列によって44万円弱までは上がりますが、そこで頭打ちなのもこれまでと同様です。

5 その他特色

(1) 警察の階級構成が、客船型から釣《つ》り鐘《がね》型に是正されたとき、最も増えたのが実は警部補でした。1996年にこの改革が一段落したとき、**警部補は実に倍増**となっています。これにより、中級幹部としての適性がありながら、『枠《ワク》』がないため——階級別の定員は法令によって厳しく縛られています——警部補にできなかった巡査部長を、能力本位で昇任させることができるようになりました。それはよいことです。ただこの改革は『6年間』で——日本警察の歴史を考えればかなりの短期間で——行われたため、弊害《へいがい》も生じました。主たる弊害の1つは、中級幹部にすべきではなかった警察官が警部補になれてしまったこと。主たる弊害のいま1つは、警部補が倍増したことによる指揮系統・ポストの混乱です。

(2) 前者は、改革前の狭き門を一般試験でくぐって警部補になった警察官の士気を下げました（「言っておくが俺は枠拡《ワクカク》の速成《そくせい》警部補じゃねえからな」といった言葉は、私が若い頃何度も何度も聴いた言葉です）。また後者は、『同階級ならどっちが偉い!?』なる、階級社会らしい難問をあちこちで生みました。1つの課に警部補が複数いるのは自然なことですが、1つの係内に警部補が複数いるような事態も生じてきてしまい、そうなると『係長』とは何ぞや／誰ぞや、という難問に行き着くわけです。お互いが中級幹部ですし……

(3) 人数が倍になったのなら、真正面から階級を増やすべきだ、新たな階級を設けるべきだという議論もありましたが……結局の所、新しい階級は設けないものの、新しい職名を設けて対処することとなりました。警部補という階級はそのままに、そのうちから**『統括係長』『上席係長』といった、警部補のリーダーを指定する**こととしたのです。

(4) 『警部補』という階級ですが、これは既に1880年には設けられていました。そして、廃止されたり再設置されたりしながら第2次世界大戦を生き延び、戦後のいわゆる旧警察法にも規定され、それが現在の警察法によって踏襲《とうしゅう》されるに至っています。

(5) **この階級を経験し得るのは、全ての警察官です**（序章でいう①②③④のすべて）。特殊な技能を有する中途採用者を警部補として迎える例も多いことは、既に述べました。

(6) 警部補はまさか巡査ではありませんので、刑事訴訟法に基づく一定の権限を行使するときは、**司法警察員**というカンバン・名札でそれを行います。ただそれは警察官にとって、主観的にはほとんどどうでもよいことです。

(7) 我が国で最も有名な警部補を挙げますと、それは古畑任三郎《ふるはたにんざぶろう》でしょう。また、世界で最も有名な警部補となると、Lieutenant（ルーテナント）という階級を警部補と訳すなら、その古畑任三郎のモデルとなったコロンボでしょう。

第4章　警部

――チーフ・インスペクター(Chief Inspector)

上に 6　下は 4

階級構成

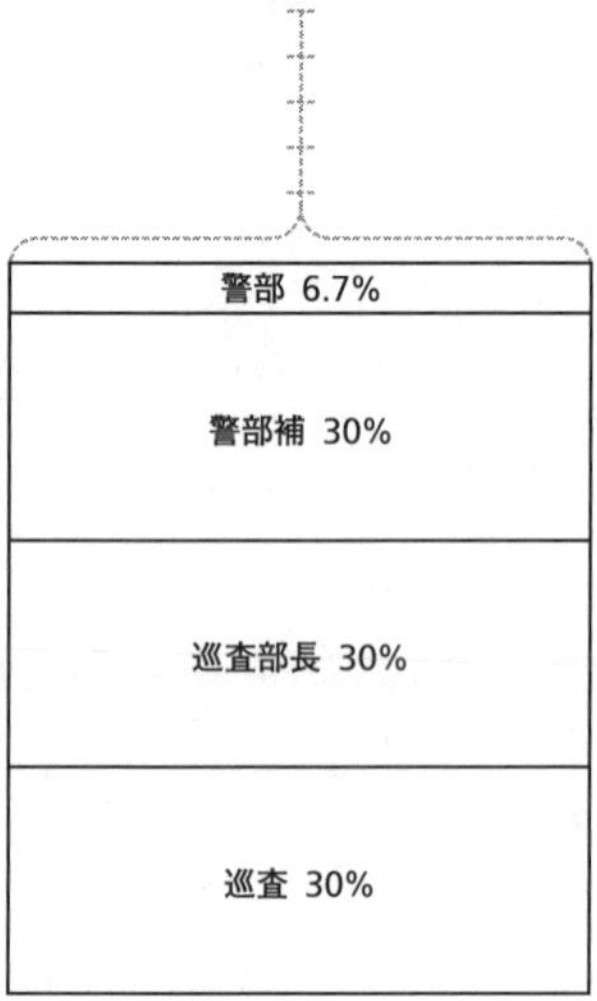

※概数かつイメージである

1 任務と役割

(1)　9ある**階級**のうち第4の階級にして、11ある**階級等**のうち第5のものが警部です。これも、巡査長と異なり階級そのもの。したがって、下位にある警部補・巡査部長・巡査に対し、上官として指揮監督・命令ができます。自らは警視以上の指揮監督を受けます。ここで、警察の階級構成は巡査3・巡査部長3・警部補3・警部以上1となっていますから、**巡査と巡査部長と警部補がほぼ同数いるのに、警部はそのいずれもに対して3分の1未満しかいない**ことになります。釣《つ》り鐘《がね》型の階級構成の釣り鐘が、ここまではズンドウだったところ、ここへきていよいよピラミッドになってきました。ゆえに、階級構成としても、指揮監督の側面が可視化《かしか》されてきました。極めて理論的には、1名の警部は9名弱の部下警察官をしたがえ／9名弱の部下警察官に支えられていることになります（実態はもっと様々で、1名の部下しか持たない警部もいれば、15名以上の部下を持つ警部もいますが）。

(2)　警部は、警察庁の公式英訳ではチーフ・インスペクター。警部補がインスペクターなので、直訳すれば『警部補の長』となりましょうか。先述の英訳改正以前は長らく『ポリス・インスペクター』なる語を用いていましたので、私の世代だとインスペクター＝警部というイメージが強く、そちらにより馴染《なじ》みがあるのですが……こうしたものはキメルハナシですし、まあ、警部が警部補の長であることに疑いはありません。

(3) 警部の階級章のデザインは、［警部補－警部－警視］からなる**指揮の職団**として、下支えの桜葉が金、タンザクも金です。警部補はタンザク1本でしたが、警部はタンザク2本になります。重ねて、［巡査－巡査長－巡査部長］からなる**実働と執行の職団**と比べ、金の部分が目立つようになります。袖章《そでしょう》は警部補と一緒で『黒地のオビに金線1』、制帽のいわゆる腰《コシ》部分は警部補と違い『金線1』。

(4) **警部は、指揮の職団の2番目の階級**にして、その中枢となる階級です。指揮の職団の最初の階級は警部補ですが、警部補は警察における中級幹部。他方で、**この警部以上からは上級幹部＝管理職**とされます。先に、『警部補以下と警部以上の間には、目には見えない厳然とした峡谷《きょうこく》なり山脈なりが存在する』といった所以《ゆえん》です。また先に、警部補は指揮の職団に属する『**プレイング・マネージャー**』だと述べましたが、だから警部補は指揮をするとともに自ら現場仕事もするのですが、**警部は（警部以上は）まさにマネージャー**、管理職そのものです。警部が現場仕事に出てはならないオキテはありませんが――そして例えば警察署の地域課長（交番担当課長）なり警察本部からの捜査主任官なりは現場を回って／現場にいてナンボですが――警部は基本的には、『部下にやらせる』職です。

⑸　刑事を例にとると、警察署刑事課の警部補は自らも事件を担当しますので、その事件については、実働員としてひょひょいと現場に出たり供述調書を作成しに行ったりガサに行ったり取調べをしたりしますが（部下が一緒のこともあれば、ひとりで自動車を転がしてゆくこともあります）……同じ課の警部となるとそうはゆきません。何せ自分が課長ですから、書類仕事なり決裁仕事なり企画仕事なりが腐るほどあります。また、自分がちゃんとデスクにいて決裁印を押せる状況にないと／報告を受けられる状況にないと、実に困る部下が大勢います。おまけに上には署長・副署長がいますので、自分がいつでもその指揮・命令を受けられる状態でないとマズい……そんなわけで、警部は警察署でも警察本部でも、懸命にパソコンと格闘してはお役所仕事に追われます。まさか警部補のように腰軽く「あの参考人のとこ行ってきますわ、それじゃあ」みたいなことはできません。

⑹　指揮の職団における警部の任務は、警察における**上級幹部**として、また最初の管理職として、警部補以下を指揮しつつ、警察事象に即応させるとともに、警察組織の管理の実務を担うこと――といえるでしょう。またその役割は、**警部補以下から成る部隊の部隊指揮官であるとともに、警視以上の参謀となることです**。またもや刑事を例に採れば、警察本部の捜査一課の捜査主任官（警部）のあたりだと、自ら直轄《ちょっかつ》部隊を率いて捜査本部の指

揮官となり、直轄部隊の刑事たちと警察署の刑事たちをひっくるめて、捜査について極めて具体的な指揮をします。というか、捜査本部を自在に切り盛りします。といって、その指揮に基づいて実際に捜査本部外へ飛び出してゆくのは警部補以下の刑事であって、捜査主任官は基本、捜査本部でデンとかまえているのが常です。そして警部ですので、捜査一課長（警視／警視正）・管理官（警視）といった上司の指揮・命令を受け、また、それら上司に日々の報告を行ったり、ともに事件検討を行うなど、その参謀となります。

(7) これが警察本部の人事担当課長補佐（警部）だの企画担当課長補佐（警部）だのとなると、そもそも事件処理も現場も持っていませんので、まさに官僚仕事に次ぐ官僚仕事。朝から晩まで自分のデスクで、資料のドッチファイルに埋もれながら書類を起案したり所要の調べ物をしたり、関係各課と調整したり上司上官と検討したり決裁をしたり求めたり。そうやって、『これからの県警察をどうするか？』という重要課題につき、警部補以下のスタッフの指揮官として具体的なとりまとめをし、そのうえで警視以上の上司とともにプランを煮詰めてゆくなど、警視以上の参謀となります。このように、同じ警部、同じ指揮官、同じ参謀といっても、その実態は様々です。

(8) **警部＝上級幹部＝管理職**は、もう自分で動いていればよい時季を終え、警察組織の車輪をその創意工夫で動かしてゆく立場となります。人事管理・業務管理・予算・組織《ソシキ》（＝組織の編制のこと）といった管理職仕事は、警部にとってはもはや自分自身のもの・自分自身が責任を持つべきものです（こうした責任を嫌う現場肌の警部補が多いことは述べました）。そして警部は最初の管理職ですから、参謀として警視以上に仕えながら、日々の指揮・命令・決裁・検討などを通じて、より上位の管理職の在り方を――反面教師もいるでしょうが――学んでゆく、そして警視昇任を狙ってゆくと、こういう感じになります。

2 任用と昇任

(1) 警部に任用される条件も、警部試験に合格することです。試験には一般試験と専門試験があり、試験以外には昇任選考があることは既述《きじゅつ》しました。

(2) その警部試験ですが、これまで同様、前の階級に一定期間在級していなければならないという縛りがあります。しかし今度は、**学歴別要件ではなくなります**。すなわち

一般試験にあっては、警部補の階級に4年以上在級していること

専門試験にあっては、警部補の階級に8年以上在級していること（前章の『上席係長』等となっていることも要件とする場合あり）

といったところが受験資格で、その試験の内容はやはり『予備試験（SA）－第1次試験（論文）－第2次試験（面接・術科《ジュツカ》）』とこれもこれまで同様なのですが、警部試験の特徴としては、一般試験・専門試験の双方において

①SAの科目が全部／一部省略されることがある
②論文の科目に『**警察管理**』『**管理論文**』といった科目が加わる（既に警部補試験で加えていることもある）
③論文の、基礎法学の科目が一部免除されることがある
④論文の、警察実務の科目が一部免除されることがある
⑤社長面接（警察本部長面接）が加わるほか、面接の配点が大きくなる

などの諸点が挙げられます（ローカルルールも強く左右します）。あと、そもそも専門試験においては、警察実務の科目が1科目にまで縮減することは既述のとおり。さらに、昇任試験ではない『昇任選考』にあっては、**警部補在級10年以上・年齢50歳以上**、**あるいは同10年以上・同55歳以上**といったところが要件とされています。

(3)　警部試験の合格率も、都道府県警察によって実にかなりのバラツキが見られます。サンプルを採ると約５％のところが多いようですが、都道府県警察によっては約８％、はた

また約15%、あるいは約22%なる数字を叩き出しているところもあり、このあたり、各都道府県警察による人事政策の在り方や試験のローカルルールに起因する差異があると思われます。

⑷ 警部試験に合格すれば、これまた**昇任時教養**が待っています。すなわち警部に昇任した／昇任する者は、漏れなく義務的に、今度は国の**警察大学校**において（味の素スタジアムの近くです）、**警部任用科**なる**3か月**の全寮制教養《キョウヨウ》を受けなければなりません。もっとも、年齢的な事情等に鑑《かんが》み、そこまでの教養《キョウヨウ》は必要ないと判断された警察官は、この懲役3か月罰金100万円などと称される（酒量等によっては罰金300万円以上かも知れませんが……）プログラムを経験せずにすみます。このときは、場所こそ同じ警察大学校ですが、**警部任用科特別短期課程**と称される、**2週間**の入校・入寮となります。

⑸ 警部の教養《キョウヨウ》制度は頻繁《ひんぱん》に変わっていますが（6か月→4か月→3か月など）、この、日本全国から警部になる警察官を集結させて実施する教養《キョウヨウ》は、警察大学校の本務であるとともに、日本警察の教養《キョウヨウ》の最重要プログラムです。そもそも警察大学校は、警部を教育訓練するための施設であることが本旨《ほんし》です（ゆえに警部任用科のことを本科《ホンカ》／本課《ホンカ》と略称したりします。例えばキャリアは最初から警察大学校に入りますが、それはぶっちゃけ脇役

です）。では何故、警部任用科がそれほど重要かというと——序章でいう①の**ノンキャリア警察官**にとって、全国のあらゆる都道府県の警察官とともに教養《キョウヨウ》を受けるのは、実はこれが初めての経験となるからです（これ以前の昇任時教養は関東、近畿、九州といったブロックごとのものでしたね）。また、①の**ノンキャリア**警察官にとって、すなわち巡査から叩き上げてきた警察官にとって、**警部＝上級幹部＝管理職**になるというのは、とうとう実働員から卒業するということですから、警察人生における最大のイベントの1つ。名誉であり、意気に感じ、しかし未知の上級幹部職に対する不安があります。それは全国どこの警部でもそうです。まして、**A県の警部はそれまでずっとA県警察で育っており、A県警察のローカルルール以外は知りません**。事情はB県の警部でもC県の警部でも一緒です。本書の、昇任試験に関する諸々《もろもろ》の説明からも解るとおり、実は日本警察の制度は、法令に基づくもの・根幹的なもの・基準となるものは別論、具体的になればなるほどローカルルールに委ねられている面があるのです。そうした観点からは、いよいよ一度に全国の警部を４００名ほど集め、「えっウチの県ではこうだよ」「えっそんな事件処理ができるの」「えっその法律はそんな風にも使えるの」といった**カルチャーショックを与えること、よりよい制度・運用を討議させ考えさせ体得させること**、そして**全国警察に警部同期・人脈**

を作らせることには、筆舌に尽くしがたい意義があります。無論、**近時における重要課題・重点項目を一気に共有させること**ができるというメリットもあります。**警部として必要な知識技能を有しているかを最終確認すること**もできます。そんなこんなで、警部の任用の話をするとき、警部任用科は極めて重要なものとなります。実際、3か月では短すぎるほどです。また、卒業試験は厳しく科目も多く、補講・追試はザラで、落第・退校もあり得ます。そして警察においては警察学歴がモノを言うので、最高学府たる警察大学校の警部任用科の成績は（最終評定、卒業席次など）、今後の昇任、今後の人事、今後の出向、今後の昇給等々にも響いてきます。

(6)　**旧Ⅱ種**と**キャリア**（序章の③④の者）については、**旧Ⅱ種**は最初から巡査部長ですが、新卒なら入庁4年目前後で警部補となり、入庁8年目前後で警部となります。**キャリア**は最初から警部補ですが、新卒なら入庁2年目前後で警部となり、入庁7年目前後で警視となります。といって、私のような旧世代のキャリアは入庁4年目で警視となっていましたので、近時は全般的に昇任が遅くなっています。これは人事政策上の目的があってのことです。あと念《ねん》の為《ため》ですが、**ノンキャリア**と**推薦組**（序章の①②の者）は元々が同一のカテゴリですから、本書で縷々《るる》述べてきたように、巡査部長試験－警部補試験－警部試験をくぐりぬけてきた警察官で、よって警部になるスピードや年齢は様々です。

(7) 警部の昇任については、警視試験の話になりますが、次章でまとめて説明します。

3 職制と配置

(1) これまでは巡査＝係員、巡査部長＝主任、警部補＝係長と、極めてシンプルでした。警部以上から、話が微妙に複雑になってきます。というのも、『警察署における職名』と『警察本部における職名』が異なってくるからです。

(2) まず警察署における警部について説明しますと（基本、交番に警部はいません）

警察署の警部＝課長／課長代理

となります（例によって機動隊では『中隊長』ですが）。なら、課長と課長代理で何が違うか。これは、**大規模警察署に配置される警部が課長代理、一般の警察署に配置される警部が課長**であるととらえてください。よって例えば、３００名も３５０名も警察官がいる警察署では、警部は**刑事課長代理、生安課長代理、交通課長代理、警備課長代理**などなどになります。その上の警察署課長は、警視。その警視1名の下に、刑事課なら刑事課長代理が**複数いる**ことになります。そしてそれぞれがジャンル別に事務を分掌《ぶんしょう》します。他方で、

100名とか150名とか、まあ穏当《おんとう》な数の警察官がいる警察署では（警察署には30名のものもありますが……）、警部は自らが**刑事課長、生安課長、交通課長、警備課長**などなどになります。このとき、例えば刑事次長と呼ばれたり刑事調査官と呼ばれたりする警視が上にいますが、そして当然警部はその指揮を受けますが——とにもかくにも**自分自身が課長**なのですから、大規模警察署の課長代理に比べれば、まさに課の長《オサ》として、権限も裁量も大きくなります。

(3)　警察署の警部課長と課長代理のあいだに優劣はありません。大規模警察署にいるから課長代理の方が偉いということもありません。よって、警部補から警部に昇任した際、まず警察署の課長を命ぜられる警部もいれば、まず警察署の課長代理を命ぜられる警部もいます。そこは平等に、満遍《まんべん》なく散らされます。

(4)　次に、警察本部における警部の説明をします。警察本部においては

警察本部の警部＝課長補佐

です。このあたり、課長代理が既にいるのでややこしいですね。ただ再論すれば、課長代理は警察署にしかいません。警察本部の課長代理なる警察官はいません。ダイリは署、ホサは本部というわけです。そしてこの警察本部にいる課長補佐という警部は、まさに職名

そのまま、警察本部の課長を補佐するのが仕事です。これを職制上のラインで見ると、例えば外事課なら

　A外事課長（警視）－B次席・次長（警視）－**C課長補佐（警部）**……

といった感じになり、このラインにしたがって、**自分が担当・分掌《ぶんしょう》するジャンルの指揮官**となります。そして他のジャンルを受け持っているD課長補佐、E課長補佐、F課長補佐、G課長補佐等々と一緒に、**外事課全体の指揮官であるA外事課長の参謀**となります。警察本部の1つの課が担当している事務は、実に多岐《たき》にわたりますから、課長補佐は複数置かれます。課長補佐が10名配置されていても違和感はありません。ただどれだけ多数配置されていようとも、**それぞれに委ねられたジャンルについては、その都道府県警察における実務上の責任者**といってよく、『その道のプロフェッショナル』『そのジャンルのセンセイ』『その道の達人』が選《よ》りすぐられているのが常です。ゆえに、どれだけ多数配置されていたところで、それぞれのステイタスと権限には絶大なものがあります。よって、警部補から警部に昇任した警察官が、昇任配置でいきなり警察本部の課長補佐に着任するというのは……当該《とうがい》警察官が有能なのか、何か人事政策上の事情があるかのいずれかでしょう。まずは警察署の課長／課長代理になる、というのが基本です。

(5)　配置の話になりましたので、併せて触れておきますと――警察の昇任配置は、まず地域部門=交番部門とするのがナラワシです。これは警部以下の階級のすべてについて当てはまり、よって新たに警部に昇任した警察官は、警察署の**『地域課長』『地域課長代理』**となるのがタテマエです。ここで前章において**『警部補ともなれば、それぞれの専務《センム》ギルドの中枢要員』**と述べたことを思い出してください。要は、警部補ともなれば、もう刑事・生安・交通・警備の各私服ギルドに登用され、かなりの修練を積んでいるのが普通です。言い換えれば、**地域部門はすっかり卒業しています**。警部補が既にそうなのです。まして警部ともなれば、右のとおりプロ、センセイ、達人の域に入っています。今更、地域部門に復学する理由などありません。ところがそうなると、実に見やすい話ですが、地域部門の中枢要員、地域部門のセンセイというのはいなくなってしまいます。出戻ることがないのですから。しかしもちろんそれではマズいので、警察では、「階級が上がったら地域だぞ、まあ1年もしたら戻してやるが」というナラワシを作っているのです。よって、警部になりたて管理職になりたての、極めて活きのいい、専務《センム》員《イン》としても脂《あぶら》の乗ったエリート警部が、**管理職仕事の最初の試金石《しきんせき》**として、警察署における全交番・駐在所の指揮監督を行うと、そういう例が多くなります。もちろん各ギルドはプロ・センセイ・達人をとっと回収したい／できれば寸秒《すんびょう》たりとも放出したくないので、人事部門との鬩《せめ》ぎ合いによっては、地域部門には出ずそのまま刑事課長なり生安課長代理なりに着任する警部もいます。とはいえ、警察署における地域課長／地域課長代理は最も大勢の部下を持つほか、警察署から物理的に離れた交番・駐在所をも始終監督しなければならない上、24時間体制で事件事故に即応する必要があるので、**管理職としての能力を実戦の場で鍛えてゆく**には、実はうってつけのポストなのです（多くの場合、最初から舐《な》めてかかられるか、お客さんとして蚊帳《かや》の外におかれるかなので、実にやり甲斐《がい》があるわけです……）。

(6) 以上のように、警部は警察本部にも警察署にもいれば、地域部門にも専務《センム》部門にもいます。ただぶっちゃけた話としては、警察本部にいる警部の方に、また専務部門にいる警部の方に、よりステイタスが認められます（支店より本社、外回りより内勤）。

(7) ちなみに、管理職・上級幹部たるこの警部ですが、警察庁ではなんと**係長**でしかなく、しかも部下などいないことが常態ゆえ、警察庁警部は正直、巡査と変わりません。また、日本警察の長兄《ちょうけい》たる警視庁はすべてにおいて別格ゆえ、これまた警視庁本部だと**警部＝係長**との位置付けもしています（警察庁警部のような奴隷労働者ではないですが）。

(8) 警部の警察部内《ブナイ》における略称は**部**（ブ）。これは三人称や文書で用います。「部《ブ》をどうしてもＩ人増員したいよね〜」というセリフ、はたまた組織図などにおける「部1−補2−部長4」という表記は自然ですが、「古野部《ブ》、決裁をお願いします」というような二人称での使用はアウトです。このときは「古野補佐／代理／課長、決裁をお願いします」が警察文法として正しく、また例によって理由は知りません。

4　年齢と処遇

(1)　最短で警部補になれるのは、学歴を問わず28歳です。そして、警部補が警部試験を受けるための実務修練期間は学歴を問わず4年でしたから、また単純なモデルにすると

①警部補1年目（28歳）＋警部補2年目（29歳）＋警部補3年目（30歳）
＋警部補4年目（31歳）で縛りが明け
②警部補5年目（32歳）で警部試験を受けられることになり
③晴れて一発合格すれば、翌年の人事異動に乗って昇任・配置されるので
④結局は、警部補6年目（33歳）で警部となる

こととなり、学歴を問わずこれが最短コースです（**キャリア**と旧**Ⅱ種**については既述《きじゅつ》）。

(2)　これもまた制度の話、ちょっと『釣り』の入った採用パンフの話、ではありますが

……しかしながら、確かに「あっ、若いなあ!!」とかなり吃驚《びっくり》はするものの、現実に見掛けることは見掛けます。ここで私は警察大学校の主任教授などというモノをやっていたので、全国の警部と触れ合う機会に恵まれましたが、34歳の警部・35歳の警部には自然に遭遇できました。その警察大学校には、理論的には33歳〜48歳までの警部がいますが（後述）、40歳の警部・41歳の警部というならめずらしくもないです。無論、例えば47歳の警部・48歳の警部とも多く知り合いました。しかしまあ、35歳前後で警部になるとすると……仮に定年を60歳のままとしても、残りなんと四半世紀《しはんせいき》もの警察人生があり、それをすべて管理職＋役員で過ごさなければならないこととなります。人事部門はさぞポストの遣《や》り繰《く》りに困るでしょう（結果として警察庁出向《しゅっこう》、他官庁出向、自治体出向、在外勤務などなどの変化球を織り交ぜることになるわけですが。しかも私は、警察庁に3度出向させられたノンキャリア警察官を知っています……優秀すぎるのも大変です）。まあそうした警部が、第2章で触れた『極めて、著しく、際立って、顕著《けんちょ》に、誰がどう見てもエース候補』であり、ノンキャリアの最終到達点である総務部長（警視長）／刑事部長（警視正）等になります。

(3) 警察組織が適切なモデルと考える**警部昇任年齢**を検討してみると——巡査部長につい

ては30歳前後、警部補については40歳弱でした——警部については、『だいたい50歳になる前には警部試験に受かってほしいなあ』と考えています。というのも、実は警察大学校において3か月の本科《ホンカ》（本課）を受けさせられる年齢の上限が、48歳だからです。そこには『49歳以上の警部昇任者は、制度上それ以上の昇任に限界があるので、管理職としての活躍にも限界があり、よって2週間コースでよい』という判断があります。また、警部試験の専門試験を受けるためには**警部補在級8年**が要件であることを考えても（ただしローカルルールあり）、だいたい40歳弱には警部補になってほしいのだから、そこから単純計算でやはり48歳なる数字が出て来ます。そういえば、警部補試験の専門試験を受けるための在級要件も巡査部長在級8年でしたね。ここでもやはり、**8年の修練を積めば指揮官としても参謀としてもそれなりの実務能力が涵養《かんよう》されるだろう**と、そんな判断がうかがわれます。

(4)　最年少警部は右のとおり33歳、最年長警部はやはり定年を迎える警部。警部全体の平均年齢をとると、51歳前後です。

(5)　警部の処遇《しょぐう》ですが、お給料の表が『警部補の欄《らん》から警部の欄にスライドする』ため、無論、警部補よりお給料が上がり、概ね44万円弱です（これまでどおり諸手当を除きますが、例えば警部の超過勤務手当というのは、所属《ショゾク》によっては箆棒《べらぼう》な水準になります。これが警視となると、超勤が管理職手当に置き換わってしまうため、手取りとしては警部より減る現象も生じます）。ともあれ、俸給表の次の欄にスライドしなければ、年功序列によって46万円程度までは上がりますが、そこで頭打ちとなります。

5 その他特色

(1) 警部補には統括係長・上席係長とそうでない係長があり、これらは階級類似の機能を果たしていますが、実は警部にも似たような仕掛けはあります。都道府県によって呼称が異なると思いますが、おしなべて**調査官警部**なるモノが存在し、そうでない警部と区別されます。そして、これになるための調査官試験なり**管理職試験**なるものがあります。これはもちろん昇任試験ではなく、調査官なる職名を得るための試験ですが、ここで読者の方が不思議に思われるのは……『**オイ、警部はもう管理職なんじゃないのか？**』という点だと思います。実は私も不思議に思います。また、ローカルルールによって『警視である調査官が設けられている』ことも稀《まれ》ではなく、あるいは、『ある調査官は警視だがある調査官は警部だとされている』ことも稀ではなく……私の経験としては、警部である部下4、5名が管理職試験に合格するため面接・論文対策等で四苦八苦していたのを思い出しますが、まあここでは、①警察は教養《キョウヨウ》も大好きだが試験も大好きだということ、②**管理職のとらえ方が重層的で、管理職にもより下位のものとより上位のものがあること**、③調査官は、警部のうちより上位のポストか、より専門的なポストを与えられること――を頭の片隅に置いていただければ充分です。

(2)　同じ［警部補－警部－警視］の指揮の職団に属していながら、警部と**非管理職のうちのドンたる警部補**とのあいだには、目には見えない厳然とした峡谷《きょうこく》なり山脈なりが存在します（既述《きじゅつ》）。警部補は自分をどこまでも現場の人間と考え、警部のことを『デスクの人』『ハンコの人』と軽んじる傾向もあります。とすると――統括係長・上席係長が階級類似の機能を果たすことを考えれば――この指揮の職団の**『警部補』は**、本来なら、［実働と執行の職団］に属する現場の者と、［指揮の職団］に属する管理の者とに、**ハッキリ分けるべき**なのかも知れません。そうすれば、『すべての警部補と警部が同じ職団に属している』ことからくる制度的な問題が、解決されるかも知れません。

(3)　『警部』という階級ですが、これも既に１８８０年には設けられていました。最初期は、一等警部といった等級や、大警部といった呼称が付されていましたが――やがて裸の**『警部』**とされたまま終戦を迎えます。そして戦後の旧警察法もこれを採用し、むろん今の警察法もこれを規定しています。

(4) **この階級を経験し得るのは、全ての警察官です**（序章でいう①②③④のすべて）。

(5) 巡査以外はすべて『司法警察員』なので、**警部も司法警察員**です。この名札あるいはカンバンは、実は警部についてはかなりの意味を持ちます。というのも、刑事訴訟法の規定に基づき**逮捕状を請求できるのは、**公安委員会の指定を受けた**警部以上の司法警察員＝指定司法警察員とされている**からです。これは刑訴法の求めるところ。ところがおまけに、警察組織自身の縛りにより、**捜索差押許可状・検証許可状・身体検査令状等についても、**大原則としては、**この指定司法警察員が請求することとなっています**（犯罪捜査規範の求めるところ）。これらを要するに、警部に昇任すると、身柄を獲《と》ること、ガサを打つこと等々の**強制捜査について、自分自身の責任において決断と手続をしなければならなくなる**ということです。実際に必要な資料を調《ととの》えるのは部下であっても、裁判官に強制捜査の必要性を説明し、裁判官を納得させて令状をゲットしてこなければならないのは警部（以上）です。よって、警部にとって司法警察員たることはかなりの意味を持ちます。

(6) 我が国で最も有名な警部を挙げると、これは銭形《ぜにがた》警部か目暮《めぐれ》警部か十津川《とつがわ》警部でしょう。あと私はよく知らないのですが、最近では杉下右京《すぎしたうきょう》警部かも知れませんね。

第5章　警視

――スーパーインテンデント(Superintendent)

上に 5　下は 5

階級構成

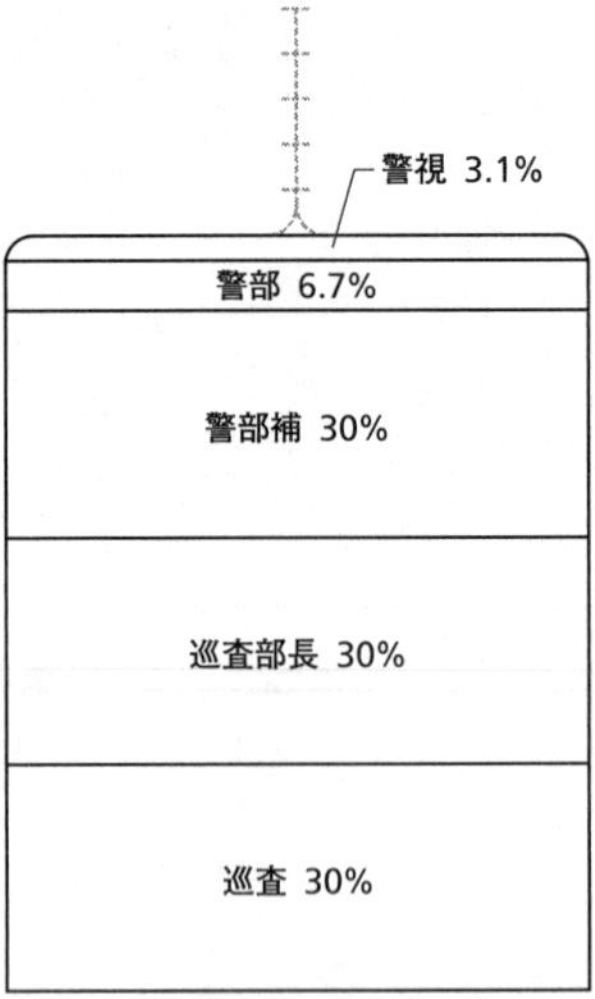

※概数かつイメージである

1 任務と役割

(1)　9ある**階級**のうち第5の階級にして、11ある**階級等**のうち第6のものが警視です。巡査長、上席係長といった職名でなく、法律で定められた階級そのものですから、下位にある警部以下に対し、上官として指揮監督・命令をすることができます。無論、自らは警視正以上の指揮監督・命令を受けます。

(2)　警察の階級構成は巡査3・巡査部長3・警部補3・警部以上1でした。これまで、管理職である警部以上は一括《ひとくく》りにして考えてきました。では本章で取り扱う警視そのものはどれくらいいるのかと言うと——都道府県警察の定員の規模によって全警察官の1・9%〜4・5%とされていますので、都道府県警察では**おしなべて4・2%**という理論値になりますが、近時における実際の全国平均を割り出すと**3・1%**となります。ちなみに東西の両雄たる警視庁・大阪府警察についてみれば、キレイに**2・7%**で一緒です。

(3)　併せて警部そのものの割合も計算すると、実際の全国平均で**6・7%**、警視庁で5・9%、大阪府警察で5・7%、複数の小規模県で6%弱〜8%強となっていました。こうなると、警視正のことも気になりますので、次章を先取りして計算すれば——現場における警視正の割合は0・2%程度(!!)。よって、極めてザックリ述べると、だいたい

大規模県では、警察官が１００名いたら６名が警部で３名が警視
小規模県では、警察官が１００名いたら８名が警部で４名が警視

であって、しかもなんと、どのみちその１００名のうちには警視正がいない——ということになります。警視正が最も多く配置されている警視庁でさえ、その割合は０・２％を大きく割り込みますので事情は変わりません。警部補以下はズンドウ型であった階級構成が、警部以上の管理職にあってはいよいよピラミッド型となっていることが解ります。

(4) 警視は、警察庁の公式英訳だとスーパーインテンデント。これは警視の訳語としてこなれており、よって英語版警察白書もずっとこれを使っていましたし、外国の警察官にも意は通ります。したがって先述の英訳改正においても見直しはなされず、日本警察においてはずっと、この英単語が警視を指すものとして用いられています。

(5) 警視の階級章のデザインは、［警部補－警部－警視］からなる**指揮の職団**として、下支えの桜葉が金、タンザクも金。タンザクはいよいよデザイン上最大の３本となります。地金が銀の階級章のうちでは最も金が目立ちます。袖章《そでしょう》は『黒地のオビに金線１＋紺線１』、制帽のいわゆる腰《コシ》部分は『金線２』。

(6) **警視は、指揮の職団の最終階級**にして、**警察の現場における事実上の最高指揮官**とい

うことができます。その意味はすぐ後述します。また警部以上＝管理職ゆえ、警視は**当然に管理職**。同様に警部以上＝上級幹部ゆえ、**当然に上級幹部**と位置付けられます。

(7) 警視の任務は、①自分に委ねられた警察分野の最高指揮官として、あるいは、②自分に委ねられた管轄区域の最高指揮官として、**部隊指揮官である警部を指揮しつつ、警察事象について無限の責任を負います**。また、③警察組織における**高級参謀**として、警視あるいはそれ以上の警察官のスタッフとなり、いわば作戦の企画立案を行うほか、自分に委ねられた特命事項について、いわば作戦指導に当たります。

(8) 小難しいことばかり述べたので、具体的な警視の役割を見てみましょう。それは

A 所属長《ショゾクチョウ》

B 所属長の高級参謀的役割

C それ以外の高級参謀的役割

に分類することができます。

(9) まずAの所属長《ショゾクチョウ》ですが、これは端的《たんてき》に『**警察署長**』『**警察本部の課長**』等を意味します（等、を付したのは室長・隊長がいるからですが、以下適宜《てきぎ》省《はぶ》きます）。そもそも警察においては、『警察署』と『警察署の課』のことを**所属**《ショゾク》と呼び、これを**組織における最も**

基本的かつ重要なユニットと位置付けています。ここで、『警察署』については疑問が生じません。新宿警察署、中《なか》警察署、浦和《うらわ》警察署、加賀町《かがちょう》警察署、下京《しもぎょう》警察署といった、警察用語でいうPS、一般社会でいう支店のことです。他方で『警察本部の課』等については若干の混乱を呼ぶでしょう。課とくれば、警察署にもたくさん置かれているので……ですのでまず、**警察署の課と、警察本部の課は組織上まったく違うもの**ととらえてください。**警察組織において、課というのは、ともかくも警察本部の課をいう**のだととらえてください。ここで『警察本部の課』というのは、警視庁刑事部捜査第一課、愛知県警察本部組織犯罪対策課、京都府警察本部交通規制課……といった、本社の各課です。そしてこの、本社の各課＋各警察署が、警察でいう**所属**になります。その長が**所属長《ショゾクチョウ》**。この所属長になれるのが、警視なのです。要は、警察署長になれるのも、警察本部の課長になれるのも警視(以上)です。警部以下は、絶対にこうした所属長《ショゾクチョウ》にはなれません。警視という階級は、**『所属長《ショゾクチョウ》になる資格を有した警察官』**に与えられるものです。それが右の、Aの意味です(大規模県においては警視正の所属長というのもナチュラルにいますし、警視であっても所属長未満の警察官はいますが、説明の本質は変わりません)。

(10)　市民の肌感覚としても、警察署長とそれ以外の警察官には大きな違いを感じるでしょう。一国一城《いっこくいちじょう》の主《あるじ》、という職の重要性とステイタスはお解りいただけると思います。警視とは、とうとうそうした一国一城の主になる資格を有するに至った警察官、特定の管轄区域における治安の最高責任者・最高指揮官になる資格を有するに至った警察官です。

⑾　この**警察署長と、警察本部の課長が同格のポストとして位置付けられます**。すなわち警察本部の課長というのも、その担う役割は警察署長とまったく変わりません。警察署長が管轄区域の最高指揮官であるように、**警察本部の課長は担当分野の最高指揮官**です。それを踏まえると、『警察署の課と警察本部の課はまったく違う』という趣旨がお解りいただけると思います。**警察本部の課は所属《ショゾク》、その長は所属長《ショゾクチョウ》ですが、警察署の課は『警察署という所属《ショゾク》のなかの１部隊』**でしかなく、その長は『所属長《ショゾクチョウ》の指揮を受ける部隊指揮官』でしかないのです。実際、その階級も原則、警部です。

⑿　さて、右で警視の役割は

　A　所属長《ショゾクチョウ》

　B　所属長の高級参謀的役割

　C　それ以外の高級参謀的役割

だと述べました。すなわち、警視には所属長以外の警視がいます。まずBについて説明しますと、これは所属長未満の警視で、まだ警察本部の課長や警察署長にはなっていない警察官、警視としては若手の警察官です。そもそも**警視に昇任していきなり所属長《ショゾクチョウ》になることはなく**、警視昇任者はまず所属長の**高級参謀**として、所属長を支えながら所属長の仕事の見取《みと》り稽古《げいこ》をし、警察署長や警察本部の課長になることを目指します。よって、警察署に配置されれば**副署長**、**次長**、**調査官警視**あるいは**警視課長**などなどとして（警部の副署長もいます。また調査官警部については前章参照）、最高指揮官である警察署長の指揮を受けながら／警察署長に意見具申《いけんぐしん》等しながら、警察署の上級幹部として、警察署の運営に当たります。はたまた、警察本部の課に配置されれば**次席**、**次長**、**理事官**、**管理官**、**調査官警視**などなどとして、最高指揮官である警察本部課長の指揮を受けながら／課長に意見具申等しながら、警察本部の課の上級幹部として、課の運営と、その課に委ねられた担当分野についての全県的な指導に当たります。警察本部は本社なので、支店たる警察署に対する一定の／事実上の指導権があるわけです。

⒀　警視の役割の最後としてC、これはBとはさかしまに、年経《としへ》た警視・ベテラン警視です。**所属長警視《ショゾクチョウケイシ》よりランクが上の警視**と考えてください。端的《たんてき》には、いちばん警視正に近いポジションにいる警視です。そのような警視は、BもAも経験したのち、警察本部の各

部の**参事官**として、今度は**警察本部の部長（警視正）の高級参謀**を務めます。例えば○○県警察本部刑事部であれば、所属長には刑事企画課長、捜査第一課長、捜査第二課長……などなどがいますが、Cの警視はそうした課長職を既に経験し、もちろん署長職も経験し、いよいよ警視正昇任を睨《にら》みながら、この○○県警察本部刑事部のNO．2ポストである刑事部参事官となるのです。ここでは刑事部門を採り上げましたが、当然生安部参事官、交通部参事官、警備部参事官……といった他の高級参謀もいます。この参事官は、正確にはラインの上にはいないのですが（部長のスタッフなのですが）、事実上すべての課長の上に立つため、部内各課のとりまとめ・調整・実際上の指揮監督にも当たります。なお、ここでは警視たる参事官について説明をしましたが、さらに年経た参事官は警視正参事官になりますし、大規模県においてはそもそも参事官＝警視正なる原則をとっています。

2 任用と昇任

(1) 警視に任用される条件は、次のようになります。

Ⅰ 序章の①の者＝**ノンキャリア**にあっては、警視試験に合格等すること

Ⅱ 序章の②③④の者＝**推薦組・旧Ⅱ種・キャリア**にあっては、事実上、年功

⑵　Ⅰについてですが、いよいよ警視ともなると、もはや座学の試験・学科の試験をすることに意味はありません（それは巡査部長試験・警部補試験・警部試験でさんざんやってきました）。よって**人物本位の選考**となります。この審査を警視昇任試験と呼ぶか、警視昇任選考と呼ぶかはまちまちですが、どのみちやることは『**管理論文**』等を書かせることと、あとは『**面接**』をすること。そもそも上級幹部については、警部昇任の時点で（あるいは時にそれより早く）退職までの警察人生がだいたい描けます。事ここに及んで知識技能によるギリギリしたテストをする必要がありません。しかしながら、警視はいよいよ所属長《ショゾクチョウ》になれる階級です。管轄区域における／担当分野における最高指揮官たるべき階級です。とすれば、知識技能より人格あるいは人徳をこそしっかり見定めなければなりません。一国一城の主が暴君であったりバカ殿であったりしては、時に３００名以上にも及ぶ部下職員が悲惨なことになります（治安に与える影響も甚大《じんだい》です）。よって、この試験なり選考なりにおいては、誰を合格させるか決めるというよりも、あるいは合格率をどうするかというよりも、『所属長にだけは絶対にしてはならない』不適格者を確実に排除することがより重要となってきます。なお、警視試験なり警視選考なりに警部在級要件を課すときは、在級７年以上等が要件とされます。

(3)　Ⅱについてですが、これらの者は警察庁を本籍地としています。都道府県警察に勤務することがあっても、その都道府県警察で昇任試験を受けることはありません（身分換えをする前の②を除きます）。これらの者の昇任は警察庁によって一括管理されます。管理の方法＝昇任の決定は選考によることとされますが、病気、事故その他の特殊事情がないかぎり、また在外勤務中・他官庁出向中でないかぎり、**同期は同時期に一斉昇任するの**が実際の運用です。**キャリア**にあっては入庁7年目前後で警視となり（30歳弱）、旧Ⅱ種にあっては入庁15年前後で警視となります（40歳弱）。**推薦組**にあっても、警察庁警察官に身分換えしてからは無試験・一斉昇任です。

(4)　警視の**昇任時教養**ですが、実は警視任用科というものはありません。管理職として必要な教養《キョウヨウ》はすべて**警部任用科**で終わっており、それが警察官にとって**最後の入校**だとされています（ゆえに3か月と長く、また厳しい）。確かにそれは嘘ではありません。昇任時教養は警部任用科で終わりです。しかしながら、警察において『**所属長**』は格別の意味を持ちます。管轄区域の／担当分野の最高指揮官です。ゆえに**ノンキャリア**の警察官については、人物本位の警視試験・警視選考をパスすることに加え、またもや警察大学校において『**警察運営科**』なる**エクストラコース**を修了することが求められます。このエクストラコースは、要は経営に関する大学院。業務管理・人事管理・組織運営・捜査指揮・予算・組織《ソシキ》・広報・非違事案《ヒイジアン》対応・危機管理・近時の重点課題・警察庁が現場所属長に求めること……等々といったものを学びます。さいわい（？）期間は**2週間〜3週間**ですが、**警視はこの警察運営科を修了していなければ所属長にはなれない**のが大原則です。

(5) ちなみに**キャリア**等についても、初めて現場所属長として都道府県警察に出るときは、例えば『初任幹部科研究課程』といった、類似のエクストラコースを修了します。また、例えばノンキャリアの若き俊英《しゅんえい》警部ともなると、類似のエクストラコース『特別捜査幹部科』を修了すれば、そのまま所属長資格が認められることもあります。警察は一般学歴を重視しませんが、警察部内《ブナイ》の学歴・教養《キョウヨウ》には実にこだわっています。

(6) 警視の昇任については、警視正人事の話になりますが、次章で説明します。

3 職制と配置

(1) 警視にあっては、**所属長**《ショゾクチョウ》という役割・配置がその死活的な特徴なので、実は職制と配置の話は冒頭で終わっています。カンタンに再論すれば

ア 所属長《ショゾクチョウ》

警察本部の課長／一定の室長・隊長／警察署長

イ　所属長の高級参謀的役割

警察署の副署長／次席／調査官警視／警視課長

警察本部の次席／次長／理事官／管理官／調査官警視

ウ　それ以外の高級参謀的役割

警察本部の参事官（参事官警視）

でした。ただこれは現場の話、都道府県警察の話です。

(2)　なら国の警察庁だとどうなるか。警察庁における警視はシンプルに、**警察庁警視＝課長補佐**です。キャリアも旧Ⅱ種も推薦組もこれになりますし、実は**ノンキャリアも警察庁警視になることがあります**。また、前章では紙幅《しふく》の都合で説明できませんでしたが、**ノンキャリアは警察庁警部になることもあります**。ではそれぞれどういうときか。自分の属する都道府県警察から、**警察庁に出向を命ぜられたとき**です。このとき、ノンキャリアはノンキャリアの身分のまま、霞《かすみ》が関《せき》の警察庁にいわば異動をして、警察庁の各課で勤務することとなります。これらの出向警察官は、実は警察庁警察官のうち多数派を形成する警察官です。多数派はキャリアではありません。現実のとある例を採り上げても、概略（ちょ

っとボカします）

　警察庁X局Y課の編制：キャリア4－旧Ⅱ種2－出向警察官18
　警察庁α局β課の編制：キャリア10－旧Ⅱ種2－出向警察官43

等となっており、警察庁本庁においてキャリアが決して多数派でないことが解ります。多数派は出向警察官、すなわち全国警察から抜擢《ばってき》された警察官たちです。そして出向警察官のうち**警部にあっては係長として3年間、警視にあっては課長補佐として2年間**、キャリア同様『月の超過勤務３００時間以上』みたいな激務につきます。地獄の3年奉公などと評されるゆえんです。ただこの警察庁出向の経験がないと、事実上の運用として、都道府県警察の警視正にはなれないこととされています（厳格なルールではないので、例外はあるでしょうが）。言い換えれば『現場警察官は、国の官僚としての仕事をも経験しないと自県の役員にはなれない』――というナラワシがあります。なお警察庁においては、職位が同じであれば身分の上下はありません。キャリアの課長補佐と、旧Ⅱ種の課長補佐と、推薦組の課長補佐と、ノンキャリアの出向課長補佐にいっさいの上下関係はありません。ただ事実上のナラワシとして、課長補佐ならば『筆頭とされる係の課長補佐』がより上位とされ、係長ならばたいていは出向3年目の警部が『筆頭係長』『主任警部』等々としてより上位とされ、時としてキャリアより優位に立ちます。

(3)　都道府県警察においては、警察本部の課長どうしであれば**『筆頭課』『庶務担当課』**の課長がルールとして上位に立ち（筆頭課は刑事企画課、生安企画課、交通企画課といった名をしています）、警察署長どうしであれば、やはり先任／後任の別や、警察署の規模・格の別によって上位者が決まります。警察署長のなかの長《オサ》は――他の警察署長を指揮監督することなど絶対にできませんが（署長はそれぞれ一国一城の主）――その都道府県警察の**『筆頭署』**とされる警察署の署長です。ただそれは、ほぼ確実に警視正署長です。

(4)　警視の警察部内《ブナイ》における略称は**視**（シ）。これも三人称や文書で用います。二人称では用いません。そうすると結局、二人称で使える略称は、「オイ古野査長《サチヨウ》!!」の巡査長と、「オイ古野部長《ブチヨウ》!!」の巡査部長くらいのものですね。

4　年齢と処遇

(1)　最年少警部は、学歴を問わず33歳でした。そして、警視昇任までの修練期間は7年以上等々とされています。なら例えば40歳で警視になれるかというと、それは無理でしょう。それだけ若い警部なら確実に警察庁出向となりますし、そのあと警察本部で勤務して、そのあと警察署で勤務して、また警察本部で勤務して、警察本部の別の課に異動して……などなど通常の異動をしているうちに、たちまち40歳代半ばになってしまいます。

⑵　ここで経験談をすると――私が初めて都道府県警察の所属長として出たとき、私を支えてくれた次長は、後《のち》に筆頭役員・警視正となって退職された超々優秀な方でしたが、確か46歳で警視に昇任していました。経験談を離れ、複数の都道府県警察を調べてみても、46歳警視というのはナチュラルに存在しています。といって、警視以上についてはもはや、年齢を論じる意味があまりありません……というのも

①そもそも警視は警察官１００名のうち３、４名もいればそれでよいし

②警察組織はまさか『警察官みんなに警視になってほしい』とは思っていないし（恩情としては全ての警察官に一度は署長をやらせてあげたいでしょうが、社会常識としても『組織の全員に署長としての適格性がある』などと考えるのは無理です）

③まして警視試験／警視選考は人物本位の面接等によるのですから、適格者のうち誰を／いつ警視にするかは、これはもう経営陣と人事部門の匙《さじ》加《か》減《げん》しだい。よって、その都道府県警察の10年後15年後を考えつつ、既に警部試験と警部

任用科とによって（あるいは更に警察庁出向によって）選抜されつつある将来の所属長候補・警視正候補の一覧表を睨《にら》みながら、昇任させるべき者を組織の望むタイミングで昇任させれば、それでよい。

(3) よって、経営陣と人事部門が『この警部はまだ早い』『この警部はそろそろだ』『この警部は残念だが諦めよう』と考えたとおりに——人事構想どおりに——戦略的・計画的に人事が行われます。ゆえに、例えば35歳で警部に昇任したエース候補の警察官がいるとしても、警部としては実は適性を欠いたとか、警察庁出向で味噌《ミソ》を付けたとか、地元のラスボス警視正に嫌われたとか、大きな警察不祥事の監督責任を問われたとか、はたまた配偶者さんが不慮《ふりよ》の病《やまい》で倒れたとか、そうした諸々《もろもろ》の事情によっては極論、警視に昇任できないかも知れません。警視には昇任させてもらえても、所属長への登用は否定されるかも知れません。もちろん、それまで実績も成績も昇任年次も平々凡々《へいへいぼんぼん》だった警察官が、警部になって管理職仕事の才能を開花させ、また部下職員にも恵まれて実績を多々挙げさせてもらうことができ、よってエース候補をぐんぐん追い抜いて所属長にそして参事官にまでなった——といった、さかしまの現象も想定されます。そもそも人物本位の選考、そしてそこに人事政策や思わぬ逆転劇が絡《から》むとなると、年齢を一律に論じる意味はないでしょう。

平均年齢をとるなら、所属長未満の警視で52歳弱、所属長警視で55歳弱ですが……

(4) 警視の処遇ですが、俸給＝基本給だと所属長未満警視で47万円弱、所属長警視で49万円程度です。しかしながら、手取りだと警部に負ける可能性があります。諸手当、なかんずく『超過勤務手当』は時に法外な、バカにならない額になるところ……警部は管理職の癖《くせ》にこれを認められますが、警視はこれを認められず、一定額で変動しない管理職手当に置き換えられてしまうからです。

5 その他特色

(1) 同じ警視なら参事官が最も偉く、次いで庶務担当課長、次いで所属長《ショゾクチョウ》、次いで所属長未満警視（次席／次長／理事官／管理官／調査官警視、副署長／署の次席／署の警視課長）となります。警視もまた、1の階級内に、階級類似の職名を幾つか抱えているわけです。ただ序列はとても明確ですし、何より絶対数が少ないため、今の『警視』内に新しい階級を夢想したくなるような、そんな『ごった煮』状況ではありません。

(2) 警視は、［警部補－警部－警視］の指揮の職団内で考えたとき、**警部と最も親和性があります。**人間関係上、警視と警部との距離は、警部と警部補との距離に比べると異様に近く、所属長が1日のうち決裁や検討で警部と接する機会／時間は、もう数え上げるのがバカらしくなるほどあります。下手をすると午前中ずっと警部たちと決裁、午後もずっと警部たちと検討——なんてこともあります。他方で、警部補以下とは極論、話をしない日もあります。たいてい、**警察本部においても警察署においても所属長《シヨゾクチヨウ》の指揮を受ける／所属長《シヨゾクチヨウ》の決裁を願うのは警部**というのが慣習ですから（さかしまに、**警察本部において社長決裁＝警察本部長決裁を願わなければならないのは警視**というのが慣習です）、ゆえに警視は警部と「あれはどうなの」「これはどうなの」「あれはどうなった」「これは意味が解らない」「これも追加で頼む」等々と会話する機会が多くなるわけです。

(3)　『警視』という階級ですが、中警視・少警視といったかたちなら、やはり1880年には設けられていました。これが警視庁において裸の『警視』とされたのは1891年。そして1900年、各府県警察部もそれに倣《なら》います。しかしながら、府県警察部の警視はその後『地方警視』なる階級名に改められましたので、警視庁では警視、府県警察では地方警視——というかたちで終戦を迎えます。そして戦後の旧警察法は、裸の『警視』が階級名の基準となることを規定し、今の警察法は、それを法律上の縛りとしています。なお**戦前においては、警察官の階級は警視・地方警視が最高とされており、現在の警視正以上**

は存在していません（『警視総監』というのは無論、戦前においても存在していますが、これは府県知事と同様の『地方長官』ゆえ、現在のごとく『職名かつ階級』ととらえられるかどうか疑問があります。詳しい方の御意見を聴きたいです）。

(4)　**警視の階級を経験し得るのは、全ての警察官です**（序章でいう①②③④のすべて）。

(5)　巡査以外はすべて『司法警察員』なので、**警視も司法警察員**です。この名札あるいはカンバンは、警視についてもそれなりの意味を持ちます。というのも、いわゆる**通信傍受《ぼうじゅ》法（犯罪捜査のための通信傍受に関する法律）の規定に基づき傍受令状の請求をすることができるのは、**公安委員会の指定を受けた**警視以上の司法警察員とされている**からです。ここで、逮捕状・捜索差押許可状・検証許可状・身体検査令状等は、警部が請求できるのでしたね。通信傍受法は、それより慎重・厳格な制度を設けているのです（私も傍受令状の請求ができる司法警察員として指定を受け、警察手帳にそれを貼っていた記憶があります）。ただもちろん、警視は警部以上ゆえ、前章で見た**指定司法警察員**として、**自ら逮捕状等の請求をすることもできます。**

(6)　我が国で最も有名な警視を挙げると、私の世代だとキャリアの明智《あけち》警視なのですが、これに関しては異論が多々あると思います。私自身、不破《ふわ》警視の方が好きは好きですし。

警視は極めて重要な階級なのですが、意外に有名人がいない気もします（有名な警部が多過ぎるのか……）。

第6章 警視正

——アシスタント・コミッショナー（Assistant Commissioner）

上に4 下は6

階級構成

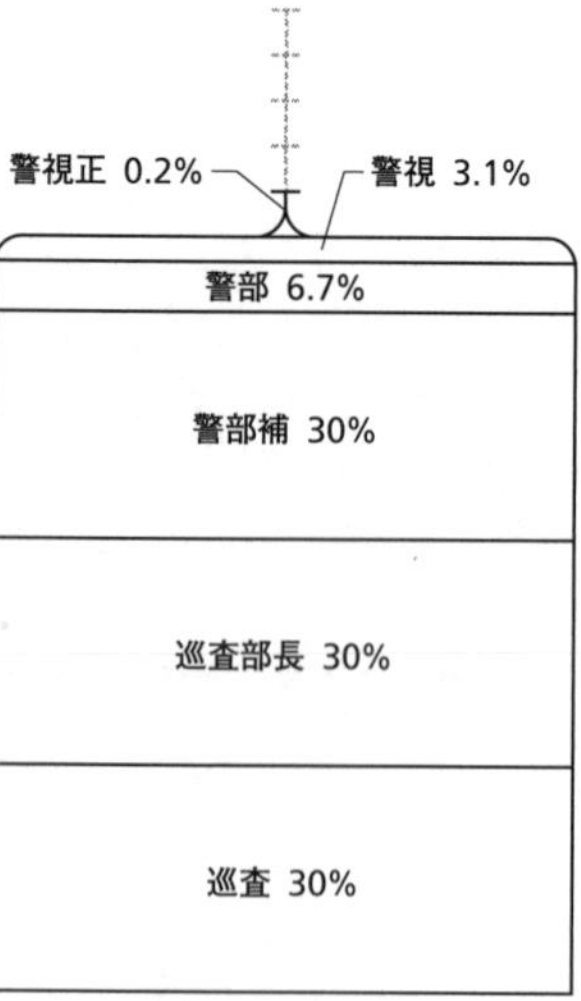

※概数かつイメージである

1 任務と役割

(1) 9ある階級のうち第6の**階級**にして、11ある**階級等**のうち第7のものが警視正です。これも職名でなく階級そのものゆえ、下位にある警視以下に対し、上官として指揮監督・命令をすることができます。自らは警視長以上の指揮監督・命令を受けます。

(2) 警察の階級構成『巡査3・巡査部長3・警部補3・警部以上1』のうち、警視正がどれだけいるかは、公刊資料からは厳密に計算することができません。**現場である都道府県警察における警視正**の数は、前章では全警察官の『0・2%程度』とボカしましたが……それは実は、法令による警視正の定員の縛りが〈①警視長たる警察本部長＋②警視長たる警察本部部長＋③警視正たる警察本部部長＋④警視正たる警察署長〉をぜんぶひっくるめて590名となっているためです。そこから警視正のみを厳密にピックアップできるかというと、それは警察庁の現役の方でなければ無理です。ただ一般論としては、①②はかなりの少数派なので、警視正が0・15%とか0・1%になることはありません。また**国の警察庁における警視正**の数についても、同様の問題が生じます。これまた定員の縛りが、〈i警視正たる理事官級＋ii警視たる課長補佐級〉をぜんぶひっくるめて848名等々とされているため（iii警視正たる室長はまた別立てとか……）、そこから厳密に警視正のみをピックアップすることは無理だからです。こちらについては一般論も難しいです。i iiiとiiではiiの方が多いものの、どれくらいの比率かは元経験者でもパッと頭に浮かばないので……ゆえにやむなく前章同様、**警視正の割合は0・2%程度で、よって警察官が100名いたらその100名のうちには警視正がいない計算になる**——と繰り返しておきます。

(3) 警視正は、警察庁の公式英訳だとアシスタント・コミッショナー。コミッショナーは多義的な英単語ですが、一般用語としては委員とか理事とか官庁の高級行政官を意味します。その副官《アシスタント》ということになりますが、直感的には解りにくい訳語ですね。既述《きじゅつ》の英訳改正以前はシニア・スーパーインテンデントなる直訳でしたので、私の世代だと海外出張・国際会議等でそちらの方に馴染《なじ》みがあります。

(4) 警視正の階級章のデザインは、警視以下とは職団を異にしますので、警視以下とは大きく変わります。下支えの桜葉は金、タンザクも金、そして地金も金と真《ま》っ金々《きんきん》のキンキラキン。地金が金になる最初の階級ゆえ、タンザクは1本ですが、もう渾然一体《こんぜんいったい》となってキンキラキンです。濃紺の冬制服・合《あい》制服にぎらりと映えるので、遠目にも「あっ正《マサ》が来た」「あっ部長が来た」というのはすぐ分かります（スーツで勤務する警視正以上もいますが、そもそも階級章を着装するのは制服を着ているときだけです）。袖章《そでしょう》は警視と一緒で『黒地のオビに金線1＋紺線1』、制帽のいわゆる腰《コシ》部分も警視と同じ『金線2』。

⑸ 警視正は、**［警視正－警視長－警視監］から成る職団**の最初の階級です。本書ではこれを**運営と司令の職団**と位置付けます。組織の運営と所属長に対する司令を担いますので、当然に**管理職**、当然に**上級幹部**、いえそのうちの司令官です。

⑹ その任務は、①国家公務員として『国家的性格を有する警察事務』と『地方的性格を有する警察事務』の両方を統合調整しながら、②警察組織の運営に当たるとともに、③担当部門の司令官／管轄区域の司令官として警察事象への対応を統括することです。しかしまたもや呪文となってきたので、後刻、警視正の『職制と配置』の項で検討しましょう。

2 任用と昇任

⑴ 警視正に任用される条件は、序章の①②③④の者をひっくるめて昇任選考です。既に警視の任用も人物本位の選考でしたが、そこでは選考方法として管理論文・面接もありました。ゆえに試験としての側面がありました。ただ警視正ともなると、小規模県で8名未満、大規模県でも20名前後なので（警視庁と大阪府警察は別格）、２０００～３０００名から8名を選考するとか、1万～1万５０００名から20名を選考するとか、そうしたとき

に試験は無意味でしょう。

(2)　都道府県警察についていえば、前章で述べた人事政策に基づき、10年前・15年前から警視正候補とされてきたエース級警察官が、いよいよ警視として年経《としへ》てくると、民間でいえば役員に当たる警視正に（人物本位で）任用されます。ちなみに前章で警視を最高指揮官と位置付けたのは、**警視正以上が都道府県警察の運営＝経営に当たる役員**だからです。

(3)　警察庁についていえば、③④の旧Ⅱ種・キャリアにはそもそも昇任試験なるものがないので（身分換え後の②＝推薦組も同じ）、警視正任用にあっても当然、選考となります。それが警察庁によって一括管理されること、特殊事情がないかぎり**同期は同時期に一斉昇任する**ことも警視任用のときと一緒です。キャリアにあっては入庁17年目前後で警視正となり（40歳弱）、旧Ⅱ種にあっては入庁25年前後で警視正となります（50歳弱）。推薦組については、身分換え時の年齢によります。

(4)　**警視正任用科なる昇任時教養はありません**。8名だの20名だのの経営陣に対して教育訓練も何もないでしょう（最後の入校・警部任用科と、エクストラコース・警察運営科は既に修了していますし、警視正ゆえ原則として警察庁出向をも経験しています）。

(5)　次の警視長への昇任は、警視正への昇任と全く同様の理由で、都道府県警察においては無試験・人物本位・人事政策による選考。警察庁においては同期同時期一斉昇任です。

3 職制と配置

(1) 警視正の職制上の役割は

A 国家公務員たる**警察本部の部長**

B 国家公務員たる**大規模警察署長**

C 国家公務員たる**警察本部の参謀長的役割**

D 国家公務員たる**警察庁室長級・理事官級**

に分類することができます。全ての枕詞《まくらことば》に注目してください。警視正は全員が国家公務員です。警察庁警視正が国家公務員なのは当然ですが（国の官僚）、都道府県警察の職員であり、ゆえに本来は都道府県の地方公務員であるはずの警察官も、**警視正に昇任すれば、例外なく国家公務員に身分換えをします**。ちょっと不思議な制度ですね。都道府県という自治体に勤務するのに、身分は国家公務員なのですから……しかしこれは、警察事務の特殊性によります。例えば東日本大震災、例えばコロナ禍《か》、例えばテロ対策、例えば東京オリンピック諸対策等々を考えたとき、警察の事務は広域的性格・国家的性格をも有することが解ります。もちろん御近所の侵入盗《とう》なり自転車盗《とう》なり、純然たる地方的性格を持つ事務もあります。ただ警視正は都道府県警察の役員ですから、経営の観点から、前者にも適切に対処しなければなりませんし、両者の適切な調整をしなければなりません。ウチの県では振り込め詐欺対策が最優先だから、令和元年東日本台風諸対策には協力しない――なんて経営判断をされては国民が困ります。交通死亡事故がまた増え始めたから、国際テロ対策には人が割《さ》けません――というのも同様です。しかし経営陣が純然たる地方公務員であれば、地方自治としてそうした判断も（極めて非常識ですが）アリでしょう。はたまた具体的な判断以前に、そもそもある警視Xを役員・経営陣に登用するかどうかは、地元密着的な人間関係によるのでなく、全国的見地に立った、客観的で視野のひろい人物判断が必要でしょう。そうした観点から、役員たる警視正は、たとえ都道府県に勤務していようと、すべて国家公務員にしてしまえ――と警察法は判断しました（同法第56条）。この、都道府県警察の警察官のうち警視正以上の階級にある警察官のことを**地方警務《けいむ》官**と総称します。ゆえに**警視正はこの地方警務官か、警察庁の国家公務員かのいずれかになります。**

⑵　警視正の役割を見てゆくと、まず右のA、**警察本部の部長**ですが、これは例えば長崎県警察本部生活安全部長とか、京都府警察本部交通部長とか、そうした刑事・生安・交

通・警備等の**各警察部門**（≒**専務**《センム》）**の司令官で、各ギルドのラスボス**です。例えば刑事部長なら、刑事部門の司令官として、各担当分野の最高指揮官である捜査一課長、捜査二課長、捜査三課長、鑑識課長……といった所属長《ショゾクチョウ》を指揮監督しながら、その部門を自分の経営方針によって運営することとなります。役員・経営陣ですので、所属長のように例えば殺人捜査の総指揮をする、汚職《サンズイ》捜査の総指揮をするというよりは、**決裁官としてあるいは部門の生き字引として、**大所高所《たいしょこうしょ》から方向性を示したり重要事項の最終判断をしたりします。そこは、指揮官たちを束ねる司令官というわけです。また各警察部門の司令官ですので、運営を担う部門／ギルドの仕事に関しては、**事実上、各警察署長を指揮監督することにもなります**（各警察署長は一国一城の主《あるじ》なので、制度上は、警察本部の部長の下位に立つものではありません）。この部長のうち、刑事・生安・交通・警備といった現業《げんぎょう》部門を担当する部長は、その部門／ギルドにおいて位人臣《くらいじんしん》を極めた警察官、いわゆる『○○の神様』であるととらえてください。ゆえに刑事のラスボス、交通のラスボス等と位置付けられます。またこの部長のうち、**管理部門を担当する部長**は総務部長・警務《ケイム》部長ですが、これは現業部門の部長より一段上の、**副社長としての地位を認められます**（副総監・副本部長がいる警視庁・大阪府警察はまた別）。ゆえに警務部長はキャリアポストとされる例がほとんどです（なお総務部長が置かれない県もあります。置かれるときは、バランスを考えてか、地元ノンキャリアの最終ポストとされます）。あと大規模県においては、警視正部長と警視長部長が混在します。例えば地域部長は警視正、総務部長は警視長といったことが自然に起こります。

(3) 警視正の役割のＢ、**大規模警察署長**ですが、署長は原則警視、そして筆頭署や大規模署に特に警視正を置くこととなります。この場合、大規模署長は警視正で役員ですが、同時に前章で見た所属長《ショゾクチョウ》そのものでもあります。**小規模県の場合、警視正署長は筆頭署に1名置かれる**のが常。**大規模県の場合は、警視正署長は複数名いて**、筆頭署のほか、繁華街やターミナルを抱えるなどする大規模警察署のいくつかに置かれるのが常です。

(4) 警視正の役割のＣ、**警察本部の参謀長**ですが、これは前章で見た警察本部の参事官のうち、**警視正たる参事官**です。警察本部の参事官はそもそも部長の参謀ですが、①部に複数の参事官が置かれているときの筆頭者、②総務部門・警務部門などにおける参事官、③重要施策を担当している参事官、④複数の参事官職を兼務している参事官などなどは、特に警視正の階級を与えられ、いわば参謀長として、参事官警視の上位に立ちます。

(5) 警視正の役割の最後にＤ、**警察庁室長級・理事官級**ですが、これは右のＡＢＣのように都道府県警察にいるのではなく、国の警察庁にいます。ここで、警察庁においては警視＝課長補佐でした。そして警視正はその上司として、ⅰ他官庁でいう**筆頭補佐＝理事官**になるか、あるいは更に上位の、ⅱ**室長・企画官・対策官・管理官・指導官**といったいわゆる**府令職**《フレイショク》と呼ばれる準《じゅん》課長になります（警察庁課長そのものは警視長です）。ⅰは警察庁の各課にまんべんなく置かれ、課の庶務を担当するか、課の重要課題を担当します。ⅱは法令で職名や数が定められている重要な職で、実際的には『理事官が年経《としへ》ると府令職に昇進する』といったイメージ。そしてこれらは警察庁の職ですから、ＡＢＣの位置付けとはまた異なります。すなわち、ＡＢＣは都道府県警察における役員・経営陣ですが、Ｄはまだ課長未満ゆえ、まさか警察庁の役員ではありません。ゆえにキャリア警視正は、警察庁本庁においては課のＮＯ．２とか準《じゅん》課長で、それが都道府県警察に出ると前述のとおり部長＝役員・経営陣となるわけです。となれば後者の方が美味しいようにも思えますが……ところがどうして、警察庁の理事官なり室長なりは、全国警察にとても強い影響力を行使できますから、その事実上の権限は絶大で、都道府県警察にいるときとは比較になりません。ただその分、官僚としての激務をこなさねばなりませんが……

(6)　警視正の警察部《ブ》内《ナイ》における略称は**正（マサ）**。これも三人称や文書で用います。

4　年齢と処遇

(1)　警視正は、都道府県警察の警察官にとっては役員・経営陣であり、よってその年齢も、民間企業のイメージでとらえていただければと思います。具体的には、位人臣《くらいじんしん》を極めていよいよ老境を迎えるあたり。職業人生の最晩年です。幾つかの例を見ると、都道府県警察においては55歳・56歳から任用されています。無論、警視昇任時期等に左右されますから、それ以降の年齢で任用されることがあるのは当然です。

(2)　思えば、巡査から叩き上げてきて三十数年。警部補で退職する警察官が最も多いなか、全警察官の0・2%程度でしかない警視正にまで登り詰めるということは、並大抵《なみたいてい》のことではありません。そして、比較的若く警視正になれれば、警視正参事官を務め→大規模署長を務め→警察本部の部長になり→筆頭署長になり、いよいよノンキャリアの最終ポストである地元筆頭部長になれるかどうか……そしてノンキャリアの最高位である、警視長に昇任できるか……ちなみに私の若き頃を顧《ふりかえ》ると、私がお仕えした現場の警視正さんには、筆頭部長・総務部長（警視長）に御昇任された方が2名、筆頭部長・刑事部長（警視正）に御昇任された方が2名おられます。また、私が直接仕えてもらった現場の部下には、筆頭部長・総務部長（警視長）に昇任してくれた者が1名、筆頭部長・刑事部長（警視正）に昇任してくれた者が1名、筆頭署長に昇任してくれた者が2名います。部下について言えば、いずれも警視あるいは警部の時点から、そうなることを運命付けられ／組織・上司から当然のごとく強いられてきた者でした。その労苦とプレッシャーは筆舌《ひつぜつ》に尽くしがたいものだったと思います（その一部は目撃しました）。地元最終勝者となってくれた際、我が事以上に嬉しかった記憶があります。

(3) 他方で、警察庁警視正の年齢についてはどうか。キャリアが入庁17年目前後で警視正となり（40歳弱）、旧Ⅱ種にあっては入庁25年前後で警視正となる（50歳弱）ことは前述のとおり。推薦組については、身分換え時の年齢によることにも触れました。ゆえに具体論としては、小規模県の警察本部だと、40歳ほどのキャリア部長と、55歳以上のノンキャリア部長が一緒に、同格として経営陣を構成することになります。

(4) 警視正の処遇ですが、警視正はすべて国家公務員なので、国家公務員の俸給表《ほうきゅうひょう》（『公安職』なるものの俸給表となります）を概観すると——警察庁理事官級・都道府県警察の部長級にあっては、概ね41万円弱〜45万円強が実際に与えられており、その人員分布から多数派を割り出して平均をとれば、45万円強となりました（重ねて諸手当を除きます）。ただ右のように、比較的若いキャリアも退職真際《まぎわ》のノンキャリアもともに国家公務員・警視正ゆえ、国と地方を総合すればかなりの年齢幅があります。よって基本給の平均をとれば、前章で見た警視の『所属長未満で47万円弱、所属長警視で49万円程度』より低くなります。また一般論として、国の給与水準は地方の給与水準より悪いので、地方公務員たる警視と、国家公務員たる警視正でお給料の逆転現象が起きるのは頷《うなず》けるところです。まさかそれを理由に警視正への昇任を拒む警察官は皆無《かいむ》でしょうが、これを愚痴《ぐち》らない警視正もきっと皆無でしょう（現場の警視正さんたちから一生分聴かされました）。

5 その他特色

(1) 重ねて、警視正の役割は

A 国家公務員たる**警察本部の部長**
B 国家公務員たる**大規模警察署長**
C 国家公務員たる**警察本部の参謀長的役割**
D 国家公務員たる**警察庁室長級・理事官級**

に分類することができますが、AとBとではほとんど優劣がありません。敢えて言えば、Aの方が、担当部門について全県的な運営／全県的な司令をすることができるため、実際上の権限は大きいでしょうが……かといって筆頭署長・大規模署長のステイタスも莫迦《ばか》にはできません。そしてどのみち役員仲間なので、ある警視正X氏は右のA↓B↓A……と、その立場をくるくる入れ換えます。地元警察官どうしのことですし、ケンゲンノユウレツなどという問題を論じる関係にはありません。またAどうしの優劣は、警視長たる総務部長／警視長たる警務《ケイム》部長を別論とすれば（大規模県を別論とすれば）、副社長の役割を担う警務部長が最も偉く、次いで地元筆頭部長（それぞれの慣習と文化により決まります）、次いで各現業《げんぎょう》部長となります。AのスタッフたるCは、当然ABに劣後します。同じ警視正でも、参事官が部長の下に立つのは職制上当然です。他方で、Dはいわゆる**警察官僚ゆえ、年次がすべて**です。警察庁文化としては、『**1期違えば主人と奴隷**』なんて言いますから、D内の序列がいちばん明確かも知れません（なお同期が同格なのは当然です）。

(2)　警視正は、都道府県警察においては、同じ運営と司令の職団にいる［警視正－警視長－警視監］と渾然一体《こんぜんいったい》となって経営陣を構成しますし、これらはそもそも極めて少人数ですから、互いの心理的な距離感は密接以上です。ノンキャリアどうしなら鎬《しのぎ》を削《けず》って役員にまで登り詰めた戦友・ライバルですし、ノンキャリアとキャリアでも、最高意思決定機関である部長会議、はたまた公安委員の管理を受けるための公安委員会などで雁首揃《がんくびそろ》える仲ですから、この職団は最も一体性が強い職団といえます（ただし警視正の内でもいまだ参事官となると、ちょっと距離感が生じます）。人間関係について付言すれば、警視正と警視以下の警察官なら、警視正は、警視＋警部と最も近しい関係に立ちます。決裁官である自分の部屋にやってくるのは、警視か警部だからです。

(3)　警察庁においては、理事官たる警視正は、いってみれば警察署の副署長《オフクロ》みたいなもの。最末端の警部から年経《としへ》た警視まですべて理事官の指揮下に入りますし、理事官もまた細かい所まで面倒を見ます。『課長には死んでも言えないけど、理事官にこっそり相談してどうにか知恵を貸してもらおう……』『妻が入院したんで、理事官に頼んで仕事の遣《や》り繰《く》りを工夫してもらおう』なんて距離感のところにいます。これが室長級となると、むしろ準《じゅん》課長なので、決裁や検討にもかなりの緊張を要します（キャラクタによりますが）。

(4)　『警視正』という階級ですが、第２次世界大戦以前は存在していません。これを初めて定めたのは１９４７年に成立した旧警察法で、それが１９５４年に成立した現行の警察法にも採用されるに至っています。

(5)　**警視正の階級を経験し得るのは、全ての警察官です**（序章でいう①②③④のすべて）。

(6)　巡査以外はすべて『司法警察員』なので、**警視正も司法警察員**です。この名札あるいはカンバンは、警視正にとって、警視と同様か、あるいは微妙にそれ未満の意味を持ちます。いわゆる**通信傍受《ぼうじゅ》法の規定に基づき傍受令状の請求をすることができるのが**、公安委員会の指定を受けた**警視以上の司法警察員とされている**からです。また、警視正はむろん警部以上の警察官ですから、公安委員会の指定を受けていれば、逮捕状・捜索差押許可状・検証許可状・身体検査令状等を自ら請求することもできます。ただ実務的には、傍受令状はともかく、**令状請求とくれば警部が行うのが常**で、まして警視正が自ら逮捕状等を請求しにゆくことなどまずありません。警視正は決裁官・司令官・経営陣です。

(7)　恒例として、我が国で最も有名な警視正を挙げたいのですが……知名度の観点からはかなり迷います（『こち亀』の屯田《とんだ》署長も警視正でしたし、『特捜最前線』の神代《かみしろ》警視正も特定層には著名でしょうが、世代的にちょっと……）。よってインパクトとキャラクタ重視で、スリーアミーゴスの神田《かんだ》総一朗《そういちろう》・湾岸《わんがん》署長でどうでしょうか。

第7章　警視長

——コミッショナー(Commissioner)

上に 3　下は 7

階級構成

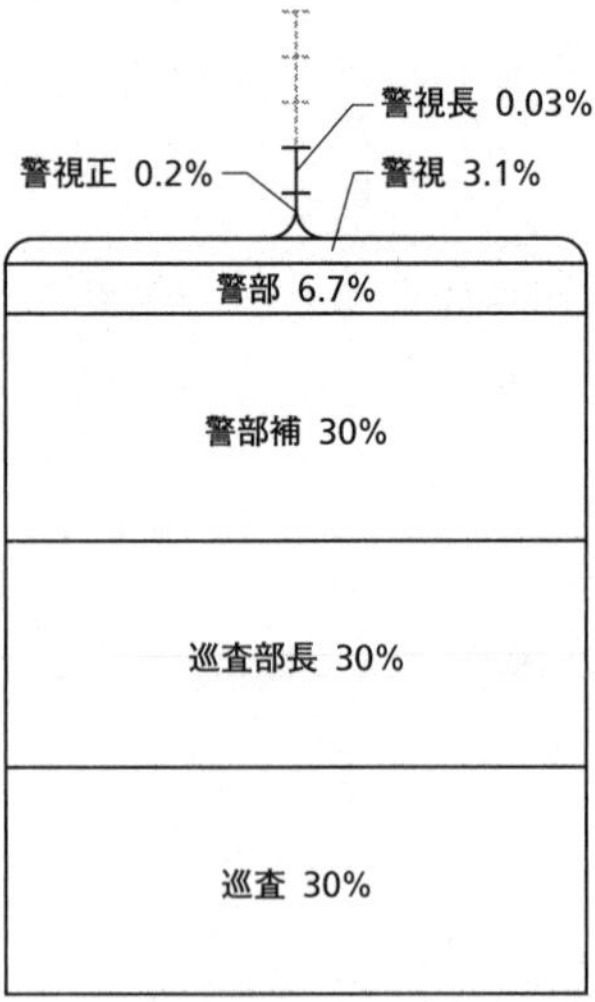

※概数かつイメージである

1　任務と役割

(1)　９ある**階級**のうち第７の階級にして、11ある**階級等**のうち第８のものが警視長です。階級ゆえ、警視正以下に対し指揮監督・命令をすることができます。自らは警視総監・警視監の指揮監督・命令しか受けません（ただ、警視庁警察官以外にとって『警視総監の命令を受ける』というのは極めて異例な事態でしょうが……）。

(2)　警視長がどれだけいるかも、公刊資料からは厳密に計算することができません。**現場である都道府県警察における警視長**の数は、前章記載のとおり〈①警視長たる警察本部長＋②警視長たる警察本部部長＋③警視正たる警察本部部長＋④警視正たる警察署長〉をぜんぶひっくるめて５９０名と規定されているため、そこから①②のみを厳密にピックアップするのは、警察庁の現役の方でなければ無理です。ただ、右の①②③④で都道府県警察における全警察官の０・２％程度であるところ、①②はそれを大きく割り込みます。例えば小規模県であれば、警視長など①の1名しかいませんから、割合にして０・０４％と、割合を論じる意味すらなくなります。私が経験した大規模県Ａだと、②の総務部長・警務部長だけが警視長で、割合を出してみたら０・０３％。また同様に大規模県Ｂだと、②の総務部長・警務部長・生安部長だけが警視長で、割合を出してみたら０・０２６％。よって、すべてにおいて別格である警視庁を別論とすれば、０・０３％前後といったところ。
また**国の警察庁における警視長**の数についても、同様の問題が生じます。定員の縛りが、〈ｉ警視長たる課長級＋ⅱ警視正たる室長級〉をぜんぶひっくるめて１２１名等々とされているため（ⅲ一定の重要な警視長はまた別立てとか……）、そこから厳密に警視長のみをピックアップすることは無理です。一般論も難しい。ｉもⅱもそれなりの数があり、その比率など考えたこともありません。よって前章・前々章同様、極めて雑駁《ざっぱく》に、**警視長の割合は０・０３％前後で、警察官が１０００名いてもそのうちに警視長はいない**――とまとめておきましょう。ただし、局所的に警察庁だけを見れば、警察庁における警視長は課長ゆえ（後述）、０・０３％どころかエレベータに乗ったら行き交う、トイレに行ったら行き交う、顔を見ない日はない、といった肌感覚でナチュラルに存在しています。この肌感覚を補強するため、現実のとある例を採り上げれば、概略（ちょっとボカします）

　警察庁甲《こう》局乙《おつ》課の編制：課長１－室長１－理事官１－補佐５－係長14

　警察庁イ局ロ課の編制：課長１－室長２－理事官２－補佐12－係長21

等となっており、課長＝警視長ですから（室長以下については既述《きじゅつ》）、結局３％弱〜４％強と、現場における割合の１００倍はいることになります。

(3)　警視長は、警察庁の公式英訳ではコミッショナー。コミッショナーの一般的な訳は、委員・理事・官庁の高級行政官でした。成程《なるほど》、警察庁なる中央省庁の課長ともなれば高級行政官です。また右でちょっと触れていますが、警視長は都道府県の警察本部長が務まる階級ですから、これもまた高級行政官（なおコミッショナーには、植民地等の総督《そうとく》なる用法もあるとか）。まあ総督はともかく、言葉の意味としては実に適切な英訳です。むしろこの英訳を使いたいがために、警視正をSenior SuperintendentからAssistant Commissionerに変えてしまったのではないかとも思えます。そうした英訳改正の前は、警視長はコミッショナーでなくチーフ・スーパーインテンデントなるド直訳でしたので、これまた私の世代だと、このいかにもな訳語に馴染《なじ》みがあります。

(4)　警視長の階級章のデザインは、警視正と職団を同じくしていますので、下支えの桜葉は金、タンザクも金、地金も金のキンキラキン。この職団の第2の階級ゆえ、タンザクは2本になります。濃紺の冬制服・合《あい》制服に滅茶苦茶映《は》えるので、警視正同様、かなり遠方からでもその接近を察知できますが……警視正と比べてレアキャラゆえ、あまり吃驚《びっくり》したり警戒したりする頻度《ひんど》は多くありません（例えば警察庁においてはスーツ勤務が常態《じょうたい》です）。ただ私は、既述《きじゅつ》のとおり警察大学校でも勤務させていただいたところ、学校はこれすべて制服勤務ゆえ、そのあいだはやたら遭遇《そうぐう》しました。今は亡き喫煙所で咥《くわ》え煙草をしながら決裁書類をぱらぱら確認していると、秘かに背後を獲《と》られ「ライターある？」「イス取ってきてくれる？」等々と言われたのでオイ誰だよ、と顧《ふりかえ》ったら真《ま》っ金々《きんきん》、今ハンコをもらいたい当人だった……などというのは学校＝制服勤務ならではの思い出です。袖章《そでしょう》は『黒地のオビに金線1＋紺線2』、制帽のいわゆる腰《コシ》部分は『太金線1＋金線1』。

(5)警視長は、**【警視正－警視長－警視監】から成る、運営と司令の職団**の中堅階級です。これまた当然に**管理職**、当然に**上級幹部**、いえ上級幹部の司令官、超上級幹部です。

(6)その任務は、①国家公務員として『国家的性格を有する警察事務』と『地方的性格を有する警察事務』の両方を統合調整しながら、②警察組織の運営に当たるとともに（ここまでは警視正と同じ説明です）、③**担当分野の全国司令官／都道府県の司令官**として警察事象への対応のすべてに責任を負う――こととといえます。これも、警視長の『職制と配置』の項をお読みいただければ直ちに御理解いただけます。

2 任用と昇任

(1)警視長に任用される条件も、序章の①②③④の者をひっくるめて（ノンキャリア／推薦組／旧Ⅱ種／キャリアをひっくるめて）人物本位の昇任選考です。そして既に警視正の段階で『管理論文』等の試験はなくなっていますので、都道府県警察についていえば、警視正のうち地元最終勝者が――当該《とうがい》県のノンキャリアの頂点に立つ警察官が――いわば叙《じょ》勲《くん》・褒賞《ほうしょう》として、警視長の階級を授けられます。ゆえに選考というよりは、筆頭役員あるいは筆頭役員候補を選ぶ**最終の人事異動**であり、言葉を選ばなければ金メダルの授与式といえましょう。能力と実績と人望と天運とに恵まれ、功成《こうな》り名《な》を遂《と》げ、警視正という役員・経営陣に登り詰めた警察官の、最終的な異動です。ただし小規模県においては、ノンキャリアが警視長に昇任することは、『退職・任警視長』の場合以外にありえません。というのも、小規模県の司令官＝警察本部長の階級が警視長なので、指揮系統を乱さないためにも、その下に現役の警視長を置くわけにはゆかないからです。ゆえに、**小規模県におけるノンキャリアの最上位階級は警視正、それ以外の県におけるノンキャリアの最上位階級は警視長**と、こういうことになります。ただほとんどの現場警察官にとっては、同じノンキャリアでありながら、殿上人《てんじょうびと》の話として無縁なこととなりますが……

(2)　警察庁についていえば、③④の旧Ⅱ種・キャリアには昇任試験がありませんので（身分換え後の②＝推薦組も同じ）、警視長への任用も、警視正任用と同様、選考となります。

昇任が警察庁によって一括管理されること、特殊事情がないかぎり**同期は同時期に一斉昇任する**ことも、警視正任用のときと一緒です。キャリアにあっては入庁23年目前後で警視長となり（45歳弱）、旧Ⅱ種・推薦組にあっては昇任が不確定です。これを詳論すれば――キャリアは病気、事故、家庭の事情、著しい任務《にんむ》懈怠《けたい》、懲戒《ちょうかい》処分等々の特殊事情がないかぎり誰でも警視長になりますが、ゆえに選考というのは実際上年功になりますが、旧Ⅱ種・推薦組にあっては警視長昇任が確実ではありません。旧Ⅱ種警察官の採用が始まったのは１９８５年ですから、第1期の旧Ⅱ種警察官はもう57歳程度になっており、警視長がそれなりに出てもおかしくはありませんが……私が知っているのは警視正までの実例がほとんどで（警察庁室長、都道府県警察警務部長等）、旧Ⅱ種の警視長は不勉強ながら1例しか思い起こせません。他方で、推薦組については警視長の実例が数多《あまた》あります（警視長たる警察本部長、方面本部長、管区警察学校長等）。ぶっちゃけた話、推薦組はそもそも都道府県採用のノンキャリアですから、警察庁のリクルートを拒否したところで、優秀な警察庁出向者として警視正まで登り詰めていた可能性が高く（前章参照）、それを警察庁のイニシアティブでスカウトしておきながら、結局は警視正にしかしないというのは酷《こく》です。推薦組の警察本部長等が数多《あまた》出ているのは合理的です（ただし推薦組の中でも、警察本部長になるかならないかには――都道府県警察という一国一城の主《あるじ》になるかならないかには――しっかりした選考があると実例から感じます）。とまれ、警視長の圧倒的多数がキャリアであることには疑いありません。

(3)　警視長任用時の教養《キョウヨウ》ですが、警視正同様、警視長任用科なるものはありません。警察本部長に登用される際は、短期集中ですが経営陣等からみっちり教養《キョウヨウ》があります。

(4)　次なる警視監への昇任は、キャリアのみに認められ、やはり同期同時期一斉昇任です。詳細は次章で述べます。

3　職制と配置

(1)　警視長の職制上の役割は

A　国家公務員たる**警察本部の部長**

B　国家公務員たる**警察本部の警察本部長**

C　国家公務員たる**警察庁課長級**

に分類することができます。御覧《ごらん》のとおりすべて国家公務員です。**警視正以上は、すべて国家公務員**だからです。岐阜県で勤めていようが、北海道で勤めていようが、警視正以上であれば**地方警務官**という名の国家公務員になります。むろん警視長は警視正以上ですから、都道府県警察に出ているのであれば全て地方警務官になります。警視長が都道府県に出てはおらず、警察庁警察官をやっているのであれば、警察庁という中央省庁の国家公務員になります。

(2) 警視長の役割のうち右のA、**警察本部の部長**ですが、これは具体的には、都道府県警察の総務部長、警務部長、生安部長、地域部長、刑事部長、交通部長、警備部長といった職です。ただし、原則として警察本部の部長は警視正ですので、これらすべての部長が皆《みな》警視長である――ということはありません。そもそも前述のとおり、警視長たる部長が置かれるのは小規模県以外ですが、小規模県以外であっても、警視長たる部長の数は限られます。筆頭部長とか、地元筆頭部長とされるポストが警視長の就《つ》くポストです。また、**副社長たる警務部長は**（副総監がいる警視庁と副本部長がいる大阪府警察を除きます）**警察庁の指定ポストとして運用されます**ので、序章でいう②③④の者（推薦組／旧Ⅱ種／キャリア）が東京からやってきます。この**警務部長に加え、もう1つ2つ、警察庁が部長ポストを確保します**。それがどの部長ポストになるかは、折々の情勢と人事政策とによって決定され、固定的ではありません。A県警察本部においては、これまでずっと刑事部長と警備部長が警察庁指定ポストだったけれど、今年から刑事部長は地元に返上《へんじょう》され、代わりに生安部長が警察庁指定ポストになった——なる例はザラにあります。警察本部の部長とは、つまり都道府県警察の役員・経営陣ゆえ、要は、**都道府県警察の経営陣は『地元出身者』と『警察庁出身者』の混成となる**わけです。ここで、警察庁からやってくる部長はキャリアとはかぎりません。実際の運用として、旧Ⅱ種の部長も、推薦組の部長もやってきます。そして②③④のどの者がやってくるかも固定的ではありません。

(3)　警視長の役割のB、警察本部の**警察本部長**ですが、警視長は**中小規模県の警察本部長**となります。警察本部長は、要は都道府県の**社長**です。都道府県警察のまさに司令官として、その頂点に立ち、自らの判断・権限・責任においてその都道府県警察を運営します。**警察本部長は自分以上の上司上官を持ちません。**都道府県警察そのものが完全に独立した1つの会社だからです。ゆえに例えば秋田県警察本部は、警察庁の秋田県における出先機関ではありません。警察庁とは法令上・制度上まったくの別組織です。何故と言って、我が国は**都道府県警察制度**を採用しており、国家警察制度を採用してはいないので、47ある都道府県警察は、それぞれ**地方自治**として警察行政を行う**独立した組織**となるからです。これはシンプルに、滋賀県が国の出先でなかったり、名古屋市が愛知県の出先でないのと同じ道理です。滋賀県知事が国の命令を受けることがないように、滋賀県警察本部長も国の――例えば警察庁長官の――命令を受けることは基本、ありません。よって、ノンキャリアにとって警察署長が『一国一城の主《あるじ》』として憧《あこが》れの対象となるように、**キャリアにとっては警察本部長が『一国一城の主』として『どうしてもやってみたい職』となるわけです**。無論、キャリアは原則として警視長にも警視監にも無試験でなれるため、ぶっちゃけ普通に／穏当に勤めていれば警察本部長にはなれます、が……しかしさすがに都道府県警察の司令官・全能神《ぜんのうしん》がバカ殿であったりパワハラーであったりすると、その都道府県の全域に／全警察事務にすさまじい悪影響があります。ゆえに事実上、警察本部長になるにはしかるべき選考があります。といって、警察本部長試験等々があるわけではなく、また、選考結果が本人に通知されるわけでもなく……つまりは『いつまでも本部長にしてやらないことで察しろよ』といった、シビアなかたちでの選考が行われます。この警察本部長は超絶的に重要かつ名誉なポストゆえ（何千人もの現場警察官の司令官です）、ほぼキャリア独占ですが、推薦組が警察本部長に登用された前例も数多《あまた》あることは述べました。あと特殊な例としては、防衛省なり国土交通省なり外務省なり……そうした他の役所の、人生で一度も警察官をやったことのないキャリア官僚が、官庁間の人事交流として、ある日突然に警察本部長となることがあります（実際、私は旧運輸省出身の警察本部長にお仕えしました）。ここで併せて説明しておけば、そうした人事交流による『いきなり型警察官』は、都道府県警察の警視＝課長クラスにも、警視正＝部長クラスにも出現します。

(4)　警視長の役割のC、**警察庁課長級**ですが、警察庁においては**警視長＝課長**です（時に警視監課長がいたり、はたまた警視長室長がいたり、参事官なるスタッフ職のくせに実質課長とみなされる職があるなど、例外はありますが）。この警視長たちはもちろん警察庁にいます（厳密に言えば警察庁の附属《ふぞく》機関・地方機関にもいますが——警察大学校、皇宮警察本部、管区警察局などなど）。そして**警察庁における所属長《ショゾクチョウ》**として、i室長・企画官・対策官・管理官・指導官の上位に立ち、ii理事官＝筆頭補佐をいわば副署長としつつ、自分に委ねられた**担当分野の全国司令官**として、担当分野の警察事象について全責任を負います。具体的に言えば、警察庁の人事課長とか、少年課長とか、捜査一課長とか、運転免許課長とか、公安課長などなどがCの警視長です。その職名から解るとおり、警察の人事行政とか、少年警察とか、運転免許行政とかを自らの担当とし、そのジャンルにおいては、全国警察の事実上の司令官となるわけです。これが次なる階級の警視監となってしまうと、今度は警察庁の役員クラスとなり、担当分野の司令官というよりは将官《ジェネラル》として、全国的観点に立った、警察全体の経営陣を構成することとなります。

(5) ここで、「えっおかしいぞ？」と疑問を感じた方もおられるのではないでしょうか。今、警察庁の課長は担当分野における全国警察の司令官だと述べましたが……我が国は都道府県警察制度を採用しているのではなかったか？　各都道府県警察は、それぞれが独立した47の別会社だったのでは？　警察庁の命令は受けないはずでは？　実はここに、警察法によるキメラ的な、あるいは鵺《ぬえ》的な絡繰《からく》りがあります。それを論じ始めると別の新書が1冊必要となりますので、ここでは

①都道府県警察制度により、各都道府県警察は原則、警察庁の指揮監督を受けない

②ただし、**『国家的性格を有する警察事務』**については、**法令で定める一定限度の指揮監督を受けなければならない**

③まして**実際上**は、警察法と警察官僚が複雑精緻《せいち》に組み上げてきた絡繰《からく》りにより、**その指揮監督はほぼ無制約なものとなり得る**

とだけ御理解ください。警察庁の課長は、少なくとも②の限度で、司令官となるわけです。

(6) 警視長の警察部内《ブナイ》における略称は、敢えて言えば**警視長（ケイシナガ）**ですが、一般

的ではありません。例えば「あの人はケイシチョウだからさ……」の文意を明確にしたいとき、①「あの人はケイシナガだからさ……」、②「あの人はMPD／91だからさ……」等々と、**警視庁との切り分け**のために用います。普段使いはしません。

4 年齢と処遇

(1) 都道府県警察においては、警視正以上が役員・経営陣で、早ければ55歳・56歳から任用されていますが、**警視長はその経営陣のうち地元トップ**。ゆえに60歳の定年退職前、**最後に異動する**のが警視長ポストとなります。警視長ポストは、ノンキャリア警察官の出世双六《すごろく》の最後の1マス、とでもいいましょうか。ただし、最後の1マスに到《たど》り着いたときでなく、とうとう『上がった』とき――定年退職して現役を去るとき、**『退職・任警視長』**というかたちで警視長に昇任することがあるのは前述しました。ゆえに最も典型的なのは

小規模県……筆頭署長・警視正から↓筆頭部長・警視正に↓退職・任警視長
大規模県……筆頭署長・警視正から↓筆頭部長・警視長に↓退職

というパターンです。ただ、大規模県の場合は筆頭部長以外にもノンキャリアの警視長部長が出うる。そのことも前述しました。

(2)　ノンキャリアであれば、そもそも警視長にならない警視正もいます。というかそちらが多数派です。警視正自体が位人臣《くらいじんしん》を極めた顕官《けんかん》なので。また理論的には、警視長昇任者が出ていた都道府県警察であっても、その慣例をやめ、警視長昇任者を出さないこととすることもあり得ます。『金メダル該当者なし』といった感じで。はたまた、地元トップを**最初は警視正のままにしておいて、任期中途で警視長に昇任させる**という運用も稀《まれ》ではありません。とまれ、ノンキャリアの警視長であれば、60歳はもうそこに見えています。

(3)　他方で、警察庁警視長の年齢についてはどうか。キャリアにあっては

入庁17年目前後（39歳弱）で警視正→入庁23年目前後で警視長（45歳弱）

ですが（同期同時期一斉昇任）、旧Ⅱ種・推薦組にあっては警視長への昇任が不確定ですので、年齢を論じることができません。旧Ⅱ種については警視長への昇任が僅少であり、推薦組にあっては数多《あまた》ある、しかも推薦組は警察本部長にすら数多《あまた》登用されている——という実態論には触れました。ただし、キャリアが概して48歳前後で初めて警察本部長に登用され（小規模県）、そのあと警察庁に帰りつつまた他の警察本部長（大規模県）を経験するのが平均的なのに対し、推薦組にとっての警察本部長ポスト（小規模県）は出世双六《すごろく》の最後の1マス、定年退職前の花道・叙勲《じょくん》となります。巡査から始めて警察本部長になる、

極めて特殊な例です。

(4) 警視長の処遇ですが、警視長もすべて国家公務員ですから（警察庁警察官＋地方警務官）、国家公務員の公安職の俸給表《ほうきゅうひょう》により、概ね47万円前後～50万円強が実際に与えられています。その人員分布から多数派を割り出して平均をとれば、概ね50万円弱となりました（重ねて基本給の話です）。といって、そもそも都道府県警察の警視正以上ともなれば立派な退職金、立派な再就職等々が用意されます。

5 その他特色

(1) 再論すると、警視長の職制上の役割は

A 国家公務員たる**警察本部の部長**

B 国家公務員たる**警察本部の警察本部長**

C 国家公務員たる**警察庁課長級**

に分類できますが、同じ警察本部の職でも、AとBとの優劣はこの上なく明確です。**Bは都道府県警察という会社の社長で、Aはその部下**ですから。特にAがノンキャリア警視長であるときは、ともに経営陣であるとはいえ、Bとの間に大きな心理的距離を感じるでし

ょう。ただし、ノンキャリア警視長ともなれば人格・人徳ともに恵まれた方が圧倒的に多いので（そこは地元最終勝者です）、心理的距離があろうとなかろうと、人間関係の問題はまず生じません。例えば深刻な警察不祥事への対処を迫られたとき、警察庁からのBと地元筆頭のAとの間で強烈な意見の対立が生じるということはあり得ますが……そのときでもAが『臣下の礼』を欠くことはありません。Aがキャリアであろうと推薦組であろうと、ABの不和ということは一般論として想定できません（実例はあります）。

⑵　他方で、キャリアどうしが原則となる、BとCとの優劣はどうか。要は、警察庁で**担当分野の司令官**を務めている警察官僚と、現場たる**県警察の司令官**を務めている警察官僚の力関係ですが――話を警視長に締《しぼ》れば、基本同格。あとは官僚の鉄則どおり『1期違えば主人と奴隷』なる年次のオキテによって定まります。ただ、Cには例えば全国警察に通達を発する権限がありますし、Bとしてはそのときその通達にしたがう必要があります。そうした権限には年次の要素など関係ありません。しかしこのとき、Bがどのようにその通達にしたがうか、あるいはBがそれを受けてどのように現場を動かすかは、まさかCがいちいち指図できることではありません。現場における全能の司令官であるBは、極論、そのような通達を骨抜きにしたり無視したりすることもできます。そこは全能神たる社長

です。ただそのようなとき、今度はCとしては『都道府県警察の（担当分野の）実績評価』をする権限を用い、Bの統治する県警察に極めて辛辣《しんらつ》な評価を下すでしょう。そうすればBの統治する県警察は各種表彰（警察庁長官賞、警察庁局長賞、警察庁課長賞などなど）をまったくゲットできず、その結果、年間実績が極めて低調であるとされ、Bは経営能力を否定され、極論更迭されるという事態も想定されます。

(3)　警視長は、［警視正－警視長－警視監］から成る運営と司令の職団に属しますが、警察庁においては課長。そしてこの課長はかなり『偉い』です。警視正≒理事官だと、自分の名前と権限で決定／実施できる事項は限られ、基本的に課長決裁を受けて何かを実施する立ち位置ですが、**警視長＝課長ともなると、自分の名前と権限とで決定／実施できることが格段にふえます**。また些末《さまつ》な話をすれば、課長はまだ警察庁の役員（≒警視監）ではありませんが、個室を与えられます（お車と秘書はまだありません）。そうした意味では、下の警視正とも一定の距離があり、上の警視監とも一定の距離があります。このような特殊性は、『担当分野について全責任を負う司令官』という警視長の重責からきています（役員≒警視監ともなると、複数分野からなる担当部門全域について、経営陣として見渡すあるいは見下ろす立場であり、自ら司令官となって特定分野をバリバリやる／やらせるといった立ち位置にはありません）。ここで、都道府県警察におけるキャリア警視長＝警察本部長＝社長は上司上官を持たず、ゆえに、警視監との関係というのは生まれません。

(4) 他方で、都道府県警察におけるノンキャリア警視長は（地元筆頭部長など）、運営と司令の職団に属する警察官としては、地元司令官のうち最高位の者……というか、地元警察官の大将あるいは元帥《げんすい》。個々のキャラクタは様々ですが、ポジションとしては軍神とか生《い》き神《がみ》とか、そういう感じです。立志伝中《りっしでんちゅう》の人というか。警察人生40年前後を1つの都道府県に捧《ささ》げてきて、いよいよ**警察人生の総仕上げ、自分が愛し自分が育ててきた都道府県警察の総仕上げをする**立ち位置にいる警察官。よって、警視正＝下位の役員に対し、特に地元警察官である役員に対し、強い親和性に基づく強い影響力を行使できます。

(5) 『警視長』という階級ですが、これも警視正同様、第2次世界大戦以前は存在すらしていません。旧警察法がこれを初めて規定し（1947）、現行警察法もそれを踏襲《とうしゅう》しています（1954）。

(6) **警視長の階級を経験し得るのは、序章でいう①②③④の警察官です。ただし小規模県にあっては、現状、②④となります。**

(7) 巡査以外はすべて『司法警察員』なので、**警視長も司法警察員**です。令状請求の問題については前章で論じたとおり。ただ、まさか警察本部長自らによる令状請求など考えられません。想像《そうぞう》の埒外《らちがい》です。社長は営業にはゆきません。

(8) 我が国で最も有名な警視長は——いや警視長もこれまた難しいです——『名探偵コナン』の和葉《かずは》の父、遠山銀司郎《とおやまぎんしろう》・大阪府警察本部刑事部長とか？　本部長ともども、やけに任期が長いですが……

第8章　警視監

——シニア・コミッショナー(Senior Commissioner)

上に 2 下は 8

階級構成

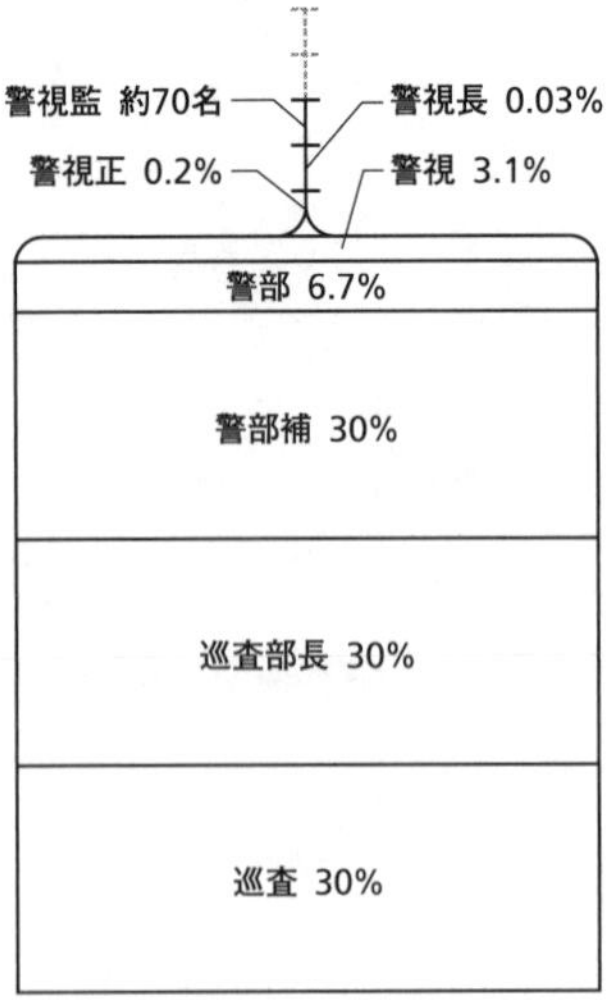

※概数かつイメージである

1 任務と役割

(1) 9ある**階級**のうち第8の階級にして、11ある**階級等**のうち第9のものが警視監です。理論的には、警視総監の指揮監督・命令を受け、また警視長以下の警察官に対し指揮監督・命令をする階級、ですが……

(2) 我が国において、警視総監は警視庁にたったの1名。よって、警視総監の命令を受ける警視監というのは実際上、警視庁警察官にかぎられます。また国の警察庁においては、最上位者が警察庁長官、次位者が警察庁次長であるところ、なんと警察庁長官というのは階級ではありませんし（終章参照）、警察庁次長は警視監そのものです。

(3) これを要するに——**ほとんどの警視監は、上位階級者の命令を受けない**ことになります。しつこく繰り返せば、警視監の上位階級者は、警視庁＝都警察にしかいませんので。そのような意味において、警視監は**実質的な最終階級**、**実質的な最上位階級**であるということができるでしょう。ゆえに階級章のデザインを見ても、警視監の階級章は、［警視正－警視長－警視監］から成る運営と司令の職団において**デザイン上の最上位**となっています。実際、**すべてのキャリアが同期同時期一斉昇任できる最終の階級**でもあります。袖章《そでしょう》は『黒地のオビに金線1＋紺線2』、制帽のいわゆる腰《コシ》部分は『太金線1＋金線1』。

(4) 警視監がどれだけいるかは、警視正・警視長と違い、比較的容易に割り出すことができます。まず理論値ですが、**最大で93名**となります。法令等の縛りにより、〈**警察庁の警視監**が55名まで＋**地方警務官たる警視監**が38名まで〉と規定されているからです。ただし実際の配置はこの最大値を割り込みます。実際は70名前後です。というのも——役人の世界では民間でいう役員のことを『**指定職**《していしょく》』といいまして（警察用語でなく官僚用語です）、そして警察においては原則、**警視監以上を指定職に充**《あ》**てる**ところ、警察の指定職は現状70名だからです。ただし、この70名すべてが警視監かというとそうではなく、①そこには階級外の警察庁長官が含まれますし、②上位階級者である警視総監も含まれますし、③指定職たる警察庁技官もいますし（技官は警察官ではないので警視監ではありえません）、④逆に警視監でも指定職ポストには就《つ》いていない警察官がいますので——結局、①②③が微妙なマイナス要素、④が微妙なプラス要素となります。よって①②③と④が打ち消し合い、**警視監は70名前後**と考えることができます。もっとも、実際に各種公刊資料を突合《とつごう》して指折り数えてゆけば実数すら出るでしょうが……警視監ともなれば、それだけ稀少《きしょう》な存在です。我が国におけるすべての警察官に対する割合を出せば、**0・027%**。

(5) 警視監は、警察庁の公式英訳ではシニア・コミッショナー。コミッショナーそのものが官庁の高級行政官を意味するので、その上級・上位・先任（いずれもsenior）というわけです。既に触れました英訳改正前は、スーパーインテンデント・スーパーバイザー（Superintendent Supervisor・警視の監督者）なるド直訳が用いられていまして、例によって私などは「そっちの方が警視監っぽくない？」と思ってしまうのですが……これまでの階級の英訳と併せ考えると、スーパーインテンデントなる単語は本書でいう指揮の職団（「警部補－警部－警視」）にしか用いられておらず、運営と司令の職団（「警視正－警視長－警視監」）には一切使用されていないことが解ります。言い換えれば、英訳改正以前は両方の職団にまたがってスーパーインテンデントが用いられていたところ、なんと、運営と司令の職団からはスーパーインテンデント臭《しゅう》を完全に消してしまったことが解ります。ゆえに本書でも、**警視は現場の最高指揮官、警視正以上は司令官**という用語を用いました。

(6) 警視監の階級章のデザインは、やはり運営と司令の職団に属していますので、下支えの桜葉が金、タンザクも金、地金も金。しかもタンザクが最終形態の3本になりますから、真《ま》っ金々《きんきん》のキンキラキンの最終進化形です。ゆえに、さすがに制服勤務をする学校等でも、警視監と遭遇《そうぐう》する確率は低いです。たまに仕事上遭遇するときに限って、3、4時間も検討のためお個室に軟禁される、なんて事態もありましたが……あと警察庁はスーツ勤務ゆえ、警視監の個体数が比較的多くとも、キンキラキンの最終形態は確認できません。

(7) 警視監は警視長《コミッショナ》の長《シニア》——運営と司令の職団の最終階級ですから、当然に**管理職**、当然に超々**上級幹部**、当然に司令官の長です。というか、全国警察を通じ、また警察官のあらゆる身分を通じて**事実上の最終階級**ですから（それは階級章のデザインにも表れています）、司令官のうちでも最高司令官、あるいは大将です。

(8) 警視監の任務は、警察組織の運営と司令について、最大級の権限を行使しつつ、最大限の責任を負うことです。言い換えれば**警察組織の経営に当たり**、**経営責任をとること**です。具体的な内容は、後の項で警視監が就《つ》くポストを御覧《ごらん》いただいた方が早いでしょう。

2 任用と昇任

(1) 大前提として、**警視監に任用されるのは現状、キャリアのみ**です。任用される条件は、あえていえば人物本位の昇任選考ですが……警視監は警察キャリアにとって、特殊事情がないかぎり**同期同時期一斉昇任となる最後の階級**ゆえ、キャリアは、**役員＝指定職となる最終段階の人事異動**として警視監になります。

(2) 旧II種にあっては警視長昇任が不確定ゆえ、警視監昇任はさらに不確定となります。

またその昇任速度と年齢から考えれば、物理的には、どう考えても警視長の時点で退職せざるを得ません。よって現状では、警視監昇任は不可能と言うべきでしょう。他官庁の例を見ても、現状、旧Ⅱ種に当たる官僚が役員たる指定職に登用されることはありません。

(3)　推薦組にあっては現状、警視長昇任までが上限。うち警視長たる警察本部長となるのがいわば花道・叙勲《じょくん》である旨《むね》は述べました。よって警視監昇任は現状、不可能です。

(4)　各都道府県警察採用のノンキャリアにあっては（序章でいう①）、警視監昇任は確定的に不可能です。現在の昇任制度と年齢の方程式からしても不可能ですし、そもそも警視監は国の警察庁のしかも役員ですから、各都道府県警察採用のノンキャリアがそれになるというのは面妖《めんよう》な話になります。また、各道府県警察の社長＝警察本部長は、小規模県が警視長、大規模県が警視監であるところ、その社員たる各道府県警察採用のノンキャリアが、『社長と同階級あるいはそれ以上になる』というのは、階級制度と指揮系統からして考えられません。制度が抜本的に変わり、A県で巡査から叩き上げてきた警察官がそのままA県の社長にもなれる――ということになれば別論ですが、現状は違います。

(5)　警視監任用時の教養《キョウヨウ》ですが、警視正・警視長同様、警視監任用科なるものはありません。役員ゆえ、どこへ行っても教養《キョウヨウ》する側であって、される側ではありません。

(6) 次なる階級への昇任ですが……次なる階級は、警視総監しかありません。そして警視総監は東京に／日本に1名。この、日本警察の第二位者たる警視総監への昇任は、警察キャリアの最終勝者のひとりとなることを意味します。よってそこにあるのは実力と天運のみ。その任用等については次章で詳論《しょうろん》します。加えて、いまひとりの最終勝者である警察庁長官については終章で詳論します。

3 職制と配置

(1) 警視監の職制上の役割は

A 国家公務員たる**警察本部の警察本部長等**

B 国家公務員たる**警察庁の指定職（役員）**

に分類することができます。Aが**地方警務《けいむ》官**なのはもちろんです。ここで付言《ふげん》しておくと、序章でいう①の警察官が警視正以上になると**特定地方警務官**（巡査から叩き上げてきた地方警務官）と呼ばれます。他方、キャリアの地方警務官の呼称はたぶんありません。また、Bの警察官は警察庁の役員として、むろん警察庁本庁に勤務するほか、警察大学校・皇宮警察本部といった警察庁の**附属《ふぞく》機関**に勤務したり、管区警察局という警察庁の**地方機関**に勤務したりします。更にここで確認をしておけば、例えば近畿管区警察局は国の役所で警察庁の出先ですが、大阪府警察や京都府警察が国の役所でも警察庁の出先でもないことは当然です（都道府県警察と国の官庁とは全くの別会社）。

(2) 警視監＝指定職にあっては、所詮《しょせん》70名程度ですので、具体的な職名を挙げつつまとめてしまえます。順序が前後しますが、Bの**警察庁の指定職**から概観してゆくと、現状

【警視監序列1位】

警察庁次長

【警視監序列2位】

警察庁官房長、警察庁刑事局長、警察庁警備局長

【警視監序列3位】

警察庁生活安全局長、警察庁交通局長、警察大学校長

【警視監序列4位】

警察庁長官官房総括審議官、警察庁長官官房政策立案総括審議官、皇宮警察本部長

【警視監序列5位】

警察庁組織犯罪対策部長、警察庁外事情報部長、警察庁警備運用部長、警察庁長官官房審議官５、警察庁長官官房首席監察官、警察大学校副校長、警察大学校特別捜査幹部研修所長、警察大学校国際警察センター所長、警察大学校警察政策研究センター所長、管区警察局長６

となります。

(3)　次に、Ａの**警察本部長等**を概観してゆくと、現状

【警視監序列３位】

警視庁副総監

【警視監序列４位】

大阪府警察本部長

【警視監序列５位】

北海道、茨城、埼玉、千葉、神奈川、新潟、長野、静岡、愛知、京都、兵庫、広島、福岡の各道府県警察本部長、警視庁総務部長、警視庁警務部長、警視庁公安部長、警視庁生活安全部長

【警視監序列６位】

宮城、福島、栃木、群馬、岐阜、岡山、山口、長崎、沖縄の各県警察本部長、
大阪府警察本部副本部長、警視庁交通部長、警視庁警備部長、警視庁刑事部長

となります。序列の順位はＡＢを通じて共通です。よって例えば、皇宮警察本部長と大阪府警察本部長は、指定職（役員）ポストとして同格となります。

⑷　警視監の序列は、俸給表《ほうきゅうひょう》（お給料の表）によって明確に定まりますが、同格のときは役人の鉄則、『１期違えば主人と奴隷』の入庁年次によって（事実上）決定されます。ただそこは生きた組織、生きたヒトの組織ですから、理論どおりにゆかないこともままあり、例えば『序列３位の警察庁生活安全局長と、序列５位の警察庁長官官房審議官（生活安全局担当）が同期である』といった現象も生じますし、『沖縄県警察本部長ポストには平成５年組が就いていたが、今度の異動で平成３年組に変わった』といった現象も生じます。はたまた、実際に勤務していると、例えば警察庁局長どうしの優劣などほとんど意識しません。総じて、同期まわしや逆転現象も稀《まれ》でなく、そのほとんどは特に政策的な意図を持ちません。純然たる人事パズルの不具合・詰まり・停滞・駒過剰《こまかじょう》（駒不足《こまぶそく》でなく）のゆえだったりします。なにせ所詮《しょせん》、70程度しかポストがないわけですから……

⑸　新たに警視監に昇任した警察官がいきなり警察庁の局長になったり警視庁の副総監に

なったりすることはありません。そこは今度は役員の職位にしたがって、**部長級↓審議官級↓局長級**、と昇進してゆきます。局長・審議官級となると（キョクシンなどと総称しますが）、いよいよ個室・お車・秘書の3点セットが付いてくるので、警視長と比べて格段に役員っぽくなります。ただ、だんだん時代も世知辛《せちがら》くなってきているのか、かつては局長にも審議官にも秘書嬢がいてデスクもそれぞれ立派なのがあったのに、いつのまにか両方まとめて適当なカウンタに1人だけになった……なんて現象もあります。あと一般的に、キャリアの人事サイクルは1ポスト1年半程度と短いですが、警視正よりも警視長の方が、警視長よりも警視監の方がおしなべて『早回し』になります。4か月で警察本部長が交代してしまった、などという例も警察部内《ブナイ》ではさほど違和感ありませんし、警察庁本庁内となると、1ポストにつき更に短い任期となっても不思議はありません（といってそれが常態《じょうたい》というわけではなく、任期の長短はこれまた人事パズル等の都合によります）。

(6) 警視監の警察部内《ブナイ》における略称はありません。局長、本部長等と職名で呼びます。

4 年齢と処遇

(1) 警視監に昇任するのはキャリアのみですが、それは入庁31年目（52歳強）になります。

警視監は事実上の最終階級ゆえ、一覧性と可読性のため再整理すれば、キャリアは

入庁・拝命《はいめい》（例えば22歳強）で警部補
↓入庁2年目（23歳強）で警部
↓入庁7年目（28歳強）で警視
↓入庁17年目（38歳強）で警視正
↓入庁23年目（44歳強）で警視長
↓入庁31年目（52歳強）で警視監

と昇任してゆくのが目安です（年齢は目安ですので、各章との表記のズレは御寛恕《かんじょ》ください）。ところが**平成の半ばまでは、実はもっとリニア新幹線でした**。すなわち

22歳強で警部補↓23歳強で警部↓25歳強で警視↓33歳強で警視正↓40歳強で警視長↓48歳強で警視監

となっていたのです（同期同時期一斉昇任はずっと変わっていません）。ゆえに、例えば43歳の警察本部長、52歳の警察庁審議官なども全く自然でした。しかし昨今は、制度の見直しによりキャリアの昇任年齢が引き上げられています。それは**平成半ばの所謂《いわゆる》『警察改革』**によるところが大きいのですが、まして近時は65歳までの定年延長の問題もあります。

キャリアの昇任スピードは、もう今後、遅くなりこそすれ速まることはないでしょう。

⑵　警視監は事実上最後の階級ですから、**ほとんどのキャリアはここで退職する**わけですが、その退職については、霞《かすみ》が関《せき》の他官庁と一緒のルールが適用されます。すなわち、①より上位の警視監になれる警察官が締《しぼ》られてくる、②ゆえに**肩叩《かたたた》きによる退職**が始まる、③よって定年以前に同期がだんだん減ってゆく、④キャリア官僚は同期の下では働かないこととされている、⑤かくて**同期の最終勝者はひとり、社長たる事務次官のみとなる（それ以前に同期は全員辞めている）**――というルールです。もっとも、警察においては最終勝者がふたりいますので（後述）、同期で最大2名が最後まで生き残ることはありますが、これを言い換えれば、最大2名以外は定年を待たず退職勧奨《かんしょう》を受け、素直に組織を去るわけです。またそれを言い換えれば、警視監の序列は1位から6位までありますが、誰もが1位なり2位なりを経験できるわけではありません。これまでの実態論だと、『序列5位のうち警察庁の指定職ポスト』（右の職名一覧参照）で退職者が出始めます。そして序列4位・3位・2位とどんどんセレクションが続き、先に言う最終勝者が決定されます。これまた、これまでの実態論だと『序列2位のうち警察庁官房長』に登り詰めた者ひとりが、そのまま『序列1位の警察庁次長』ひとりとなり、そして……はたまた、『序列3位以

上』に登り詰めた警察官のうちひとりが、とうとう……

⑶　警視監の処遇ですが、警視監＝指定職で、指定職＝民間でいう役員ゆえ、指定職未満の警察官とはお給料の体系がガラリと変わります。というか既にお給料でなく、役員報酬が出ます。すなわち、指定職未満の警察官には俸給（基本給）＋諸手当（超過勤務手当、管理職手当、扶養手当、住居手当、地域手当等々）が支払われ、また年功によってだんだん昇給してゆくところ、指定職の警察官には諸手当も昇給もありません。民間の役員同様、いわゆる**定期同額給与**として、**人事院が定める俸給月額が支払われます**。その額は、民間企業の役員の年収と比較して決定されます。それを先の職名一覧について概観すれば、現状、

【警視監序列1位】警察庁次長　1035万5000円
【警視監序列2位】警察庁官房長等　965万5000円
【警視監序列3位】警察庁生活安全局長等　895万5000円
【警視監序列4位】警察庁総括審議官等　818万8000円
【警視監序列5位】警察庁組織犯罪対策部長等　761万1000円
【警視監序列6位】中規模県警察本部長等　706万6000円

となっています（なお手当がないといえど『期末特別手当』なるボーナスは出ます……）。

5 その他特色

(1) 警視監の職制上の役割は、国家公務員たる**警察本部の警察本部長等**と、国家公務員たる**警察庁の指定職**ですが——すなわち警視監たる地方警務官と警視監たる警察庁役員ですが——既に述べたとおり序列は明確です。ただ解りやすい例を採れば、警察庁組織犯罪対策部長と北海道警察本部長は、警視監序列5位で同格ながら

　前者は警察庁において、担当部門たる**組対《ソタイ》部門の全国最高司令官**として、全国の都道府県警察を指導できる（一定の限度で指揮でき、事実上は限度がない）

　後者は北海道において、**管轄区域の最高司令官**として、自ら直接、具体的な警察事務を実施させることができる（捜査・行政のあらゆる事務を実施できる）

ため、前者は担当部門について、全国警察の在り方、全国警察の重点課題、全国警察の進むべき方向、全国警察に適用されるべき政策などなどを自ら考え、示達《じたつ》することができます。他方で後者は、そうした前者の事実上の指揮を受ける立場ですが、前者は自分自身では何も実施できません。ゆえに後者は、示達された重点課題なり政策なりをどう実施する

か／しないかを、現場の全能神として、自分の経営判断で決定することができます。要は、前者は昔でいう参謀本部の偉い人ですが、後者は昔でいう連隊長とか師団長とか……ともかく実際に現場の実力部隊を動かす権限を持っているのは、後者です。警察庁は口出しする権限を持ちますが、自らは現場警察官を動かせません。そうした観点からは、より現場好きの警視監であれば後者の警察本部長の方を好むでしょうし、より経営好きの警視監であれば前者の警察庁部長の方を好むでしょう。このことは例えば、警視監序列4位の警察庁総括審議官と大阪府警察本部長との関係についてもいえます。

(2)　総員わずか70名前後の話で、ワンポストの任期も比較的短いため、警視監たちはお互いの職と立場をくるくる変えます。実際の配置を見ても、同時期に**地方警務官をやっている警視監と、警察庁の指定職をやっている警視監の比率はほぼ一緒、半々です。**すなわち警視監は、現場と警察庁とをくるくる行き来しながら序列を上げてゆきます。よって現場好き／経営好きといったところで、警察本部長→警察本部長→上がり、という人事は想定できません。逆にまったく警察本部長等に出ず警察庁本庁の役員ばかりやって上がり、という人事も想定できません。**役員ともなれば、部門の最高司令官も都道府県の最高司令官もできて当然、またその両方の視点と経験がなければどちらの職も務まらない**——警視監というのは、そうした期待と重責を担う階級です。ゆえに事実上最後の階級となっています。またそうした人間的・ポスト的な密度から、［警視正－警視長－警視監］から成る運営と司令の職団のうち、警視監は最も凝縮された役員集団を構成します。

(3) 警視監はキャリアゆえ、能吏《のうり》タイプかと思いきや、そこは警察なる組織を選んだ者。猛将《もうしょう》タイプもゴリラタイプもいます。昔はよっしゃよっしゃ、ガッハッハ、よきにはからえのバカ殿タイプもいましたが、最近はあまり聴きません。ただ私など局長に何度怒鳴られ面罵《めんば》されたか解りません。局長室出入禁止を食らったこともあります。局長・審議官となると、少なくとも警視以下にとっては『神』です。警視正＝理事官以上になれば、自分自身の権限もふえるため、畏怖《いふ》するということはなくなりますが。また局長のキャラクタや局の文化によって、A局では局長・審議官室に入るときでもサンダルに上着ナシでOKなのに（飴玉《あめだま》をもらうなんてことも）、B局では靴はもちろん上着必須、まして入室できるのは警視以上のみ――といったことが生じます。その昔は警察庁とて執務室内全面認煙だったので、私のような不調法者《ぶちょうほうもの》など課長決裁の折も一緒に煙草を御相伴《ごしょうばん》させていただいたものですが、相手が局長・審議官ともなると、そのような狼藉《ろうぜき》は考えられません。

(4) 『警視監』という階級ですが、これも警視長・警視正同様、第2次世界大戦以前には存在していません。旧警察法がこれを初めて規定し（1947）、現行警察法がそれを踏《とう》襲《しゅう》したのも（1954）、警視長・警視正とまったく一緒です。

(5) **警視監の階級を経験し得るのは、序章でいう④のキャリアのみです。**

(6) 警視監もまた**司法警察員**ですが、役員ですので以下省略します。

(7) 我が国で最も有名な警視監を挙げれば、これは意外にすんなり頭に浮かびました。『DEATH NOTE』の警察庁刑事局長・夜《や》神《がみ》総《そう》一郎《いちろう》警視監かと。超現場派ですが。

第9章 警視総監

——スーパーインテンデント・ジェネラル

(Superintendent General)

上に 1 下は 9

階級構成

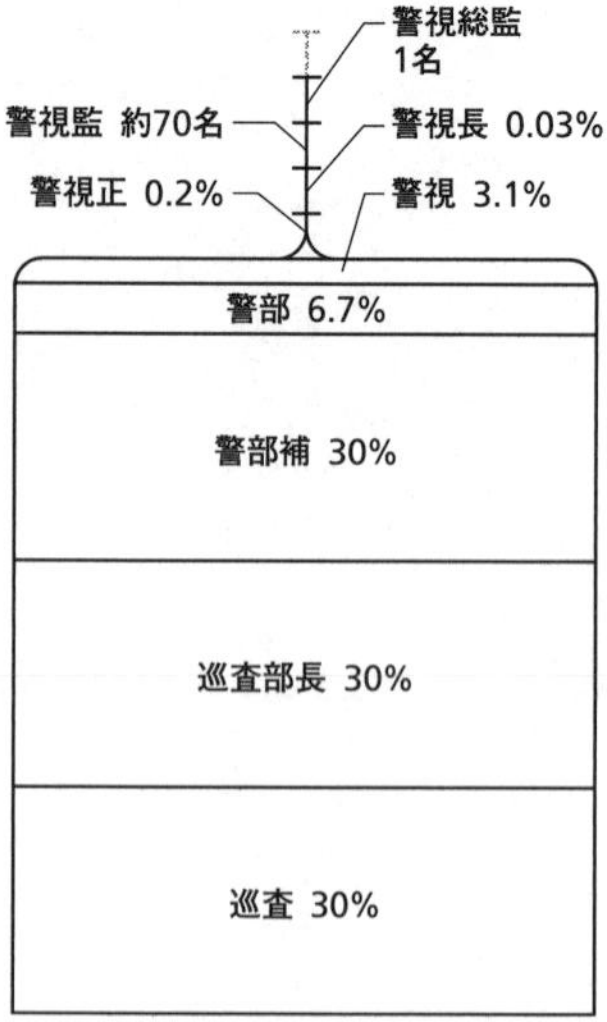

※概数かつイメージである

1 任務と役割

とうとうここまで来ました。

(1) 9ある**階級**のうち第9の階級にして、11ある**階級等**のうち第10のものが警視総監。警察官の階級のなかで、最上位の階級です。全国警察を通じて、**警視総監より階級が上の警察官は、ただのひとりもいません。**

(2) **しかし、警視総監の上官はいます。**それは警察庁長官です。右を御覧《ごらん》ください。警視総監は、11ある階級等のうち第10のものですね。そして本書において『階級等』なる用語を設定したのは、事実上の階級として機能している称号・職名があるからでした。ここで第1章の2を顧《ふりかえ》れば、『**巡査長**』は称号でありながら――ゆえに階級でないのに――階級章を与えられていますね。よって本書では、巡査長を階級等のうちに入れました。これと同様の現象が、警察庁長官についても生じます。その詳細は終章で概観しますので、必要なことを先取りすれば――『**警察庁長官**』もまた職名であって階級ではありません。しかし階級ではないのに、警察庁長官章を与えられています。まして警察庁長官は警察キャリアの最終勝者。その身分はむろん警察官であるほか、実態を見れば、役員たる警視監のなかから選ばれた警視監の最終形態・最上位形態です。よって本書では、警察庁長官もまた階級等のうちに入れました。ゆえに階級は9、階級等はそれ＋２で11となるわけです。

(3) 警察庁長官を含めたとき、**警視総監は、最上位階級者でありながら、全国警察官の序列2位となります。両者の差は僅差《きんさ》**ですが（例えば警察庁刑事局長と警察庁交通局長と同じくらいの僅差。前章参照）、警察庁長官は各省庁の事務次官・金融庁長官・消費者庁長官・統合幕僚長《ばくりょうちょう》等々と同格。**警視総監は一歩だけ譲って**国税庁長官・海上保安庁長官・防衛大学校長等々と同格になります（そこまでゆくと偉すぎてよく解りませんね）。

(4) この警視総監は、繰り返しますが、東京都に1名います。さらにいえば、警視総監の定員は1名です。よって警視総監にあっては、職団を考えることができません。しかしその実態を見たとき、またその階級章のデザインを見たとき、警察庁長官との親和性は明確です。よって**その2名が日本警察の元帥・大将たる役割を担う2名**であり、警察庁の指定職（役員）約70名の長《オサ》たる2名――となります（長官が総監に優位するのは既述《きじゅつ》）。数字としてまるで意味を成しませんが、総監の全国警察官に対する割合は０・０００４％弱。それよりは意味を成すかも知れませんが、キャリア警察官に対する割合は０・２％強です。

(5) 警視総監は、警察庁の公式英訳だとスーパーインテンデント・ジェネラル。警視の大将《ジェネラル》で、ド直訳ですね。これは実は２０１３年の英訳改正以前も一緒で、つまり何の変更もありません。それは、①後述する警察庁長官の英訳との対比のためそうしたのかも知れませんし、②そもそも日本で最も有名な階級でしょうから、国際的な使用頻度《ひんど》も多かったはずで、変更すると弊害《へいがい》が生じ得たのかも知れません。

(6)　警視総監の階級章のデザインは、**『日章4個を1行に配置する』**と定められています。要は桜の代紋《だいもん》四ツボタン、四ツ星といったところでしょうか。階級章の日章はそもそも金と決まっていますから、**金四ツ星**となります。袖章《そでしょう》は『黒地のオビに金線1＋紺線2』、制帽のいわゆる腰《コシ》部分は『太金線2』。

(7)　理論的には管理職で上級幹部ですが、とはいえもう社長・会長ですから……

(8)　警視総監の任務はズバリ、**東京都警察本部長**の職を務めることです。すなわち**東京都警察本部の事務を統括し、東京都警察の警察官などを指揮監督すること**です。それは実は、大阪府警察本部長、宮城県警察本部長、鹿児島県警察本部長等々と、管轄区域以外まったく変わりません。むろん指定職＝役員としては、都道府県警察の警察本部長のうち最上位となりますが、なら『他の警察本部長と権限が違うのか？』というと――実はまったく一緒です。警視総監は、東京都の警察本部長です。

(9)　しかし皆さん既にお感じのとおり、右の説明には違和感がありますよね。そうです、東京都警察本部などという組織はないはずです。東京にあるのは『警視庁』のはずです。そして警視総監はその警視庁の人、その警視庁の長《オサ》のはずです。ここで――これは警察トリビアとしても有名で、知っている方がほとんどだと思いますが――**我が国では東京都警察本部のことを特に『警視庁』という名で呼ぶこととしています**。都警察の本部をわざわざ法律が『警視庁』と名付けています（警察法第47条第1項）。ゆえにその本部長も、**東京都警察本部長ではなく特に『警視総監』と呼ぶこととしています**（同第48条第1項）。

⑽　これは実は、警視庁なる組織が、①戦後に生まれた警察庁などより遥《はる》かに年上であり、②警察庁の前身たる内務省とほぼ同時期に設置されているなど、極めて歴史と伝統ある組織だからです。そもそも首都警察は、例えば英国においてもフランスにおいても『ロンドン警視庁』『パリ警視庁』など特殊な位置付け・歴史・伝統を有するもの。まして我が国においては、人口の実に11％が東京に集中しています。それは当然、首都警察が対処すべき警察事象の多さに直結します。よって我が国においても、そうした首都警察の位置付け・歴史・伝統を尊重して、特に『警視庁』の名称を用いることとしているのです。したがって、警視総監＝警視庁の長＝都警察の長≒東京都警察本部長です。またしたがって、警視総監は、**警視庁の経営に当たり、経営責任をとります**。

(11)　ただ警視庁は、我が国警察の**長兄**《ちょうけい》であり、我が国において最大の定員を認められた巨大組織です（約4万3000名の警察官が置かれています——警察官だけで街ができますね）。よって例えば大震災への対応を考えても、東京オリンピック諸対策を考えても、オウム真理教に係る一連の事件のような大規模テロを考えても、日本警察を挙げて対処しなければならない重要課題があるとき、そのオペレーションに警視庁が参加しない／動員されないということは考えられません。このような意味で、**警視庁は日本警察最大の実力部隊**であり、事実上、全国警察に大きな影響を及ぼします。そのような巨大警察本部の長、**現場最大の実力部隊の長が警視総監・最上位階級者・警察序列2位者**だというのは、その役割からして納得のゆくところです（警察庁長官の部下など、警察官が2500名弱です）。

2 任用と昇任

(1)　警視総監その他の警察本部長は、必ず警察官でなければなりません（警察法第55条第2項）。そして警視総監は都警察の本部長ゆえ、これは**職名**です。よって例えば、大阪府警察の本部長であれば『大阪府警察本部長　警視監　上原正英《うえはらまさひで》』（職名＋階級＋名前）と表現されますが……警視総監にあっては、そもそもこれ**階級**そのものでもありますので、

『警視総監　警視総監　内田《うちだ》直行《なおゆき》』（職名＋階級＋名前）となるなど、ちょっと面妖《めんよう》な現象が生じます。このように、警視総監というのは**職名かつ階級**であり、日本警察においてこのような例は他にありませんから、またもや警察トリビア――**警視総監は日本で唯一階級と職名が一致する警察官**である、ということになります。

(2)　警視総監への任用ですが、警視総監は**国家公安委員会が任命**し、また退職の人事を発令します。公安委員会というのは超雑駁《ちょうざつばく》にいえば、警察のチェック機関です。警察に対する指揮監督・命令はできませんが、「だいたいこんな感じでやりなさい」「ちゃんとやりましたか」「これはちょっといけません」みたいな感じで、大きな方針を示したり、それにしたがっているかどうか報告を受けたり、やっていなければ監察《かんさつ》をさせたりする機関です。これには、警察庁をチェックする国家公安委員会と、都道府県警察をチェックする各都道府県公安委員会があります。ここで……

(3)　警視庁は都警察ですから、ならその長＝警視総監を東京都公安委員会が任命するかというと……そうはなりません。何故なら**地方警務官**制度があるからです。そう、警視正以上はどんな警察官であろうと十把《じっぱ》一絡《ひとから》げに国家公務員となるのでした。むろん警視総監は警視正以上ですから、国家公務員であり地方警務官です。国の役人です。ゆえにその人事は国家公安委員会がします。ただし——これはどこの都道府県警察でも一緒ですが——いくら国家公務員の人事とはいえ、都道府県の警察の最高司令官を、その都道府県の意向も聴かず勝手に任命してしまうのは、**地方自治**の観点から、かなりの荒技《あらわざ》です。よって例えば警視総監なら、任命するのは国家公安委員会ですが、任命に当たって、**東京都公安委員会の同意が必要**となります。ただ、ここまでの仕組みは他の警察本部長と変わりません。

(4) 警視総監の任命における極めて特殊な仕組みは、なんと**内閣総理大臣の承認までをもゲットしなければならない**ことです（警察法第49条第1項）。警視総監の権限は鳥取県警察本部長、島根県警察本部長、徳島県警察本部長等々と変わらないのに（序列は別論）、内閣総理大臣のOKがもらえなければ警視総監にはなれないのです。別に私の故郷の愛知県でもよいですが、一県の警察本部長人事に内閣総理大臣の承認が必要というのは、ちょっと吃驚《びっくり》することですが……これもまた首都警察の特殊性による現象です。前項でも触れましたが、首都警察の動きいかんは日本全国に影響を及ぼしますし、首都には国家の枢要《すうよう》機関が集中しているほか、経済活動の事実上の中心でもあります。そうなると、首都で発生している警察事象については、政府もまた、一定の治安責任を負わなければなりません。

(5) まとめますと、制度上は——警視総監を任命するのは国家公安委員会。ただしその任命の際には必ず、①東京都公安委員会の同意と、②内閣総理大臣の承認を要し、それらなくして警視総監にはなれません。ちなみに警察は『行政権』に属しますから、行政の長である内閣総理大臣の一定の関与を受けるのは制度上当然です。しかし、警視総監であろうと警察庁長官であろうと誰であろうと、政治的中立性を維持するため、内閣総理大臣の指揮監督は受けません。内閣総理大臣その他に、警察に対する指揮監督権はそもそもありません（警察法第72条の場合が唯一の例外ですが、一度として適用された例はありません）。

⑹　実態上は、警視総監は警察キャリアの最終勝者のひとりですから、原則警視監まで昇任する警察キャリアの内から——時に警察庁長官になる警察官とともに——**最後まで生き残った警視監の長《オサ》**が警視総監となります。つまり警視監は最終的なセレクションにより

　A　警察庁長官＋警視総監になる同期2名を残して
　B　警察庁長官か警視総監になる同期1名を残して
　C　警察庁長官・警視総監になる同期は誰もおらず

順次、退職してゆきます。ABの場合、同期のエースが警視総監になるわけです。

⑺　警視総監からの昇任というのは考えられません。これが最上位階級だからです。

⑻　事実上の昇進はあり得ます。すなわち警視総監を退職後——ゆえに警察官の身分を失

い民間人となるはずが——『日本警察最大の実力部隊の長であった』という極めて特殊かつ貴重な経験に着目され、**特別職**の公務員に任用され、内閣総理大臣の超々高級参謀とでもいうべき**内閣危機管理監**（政務官クラス。警察庁長官より上位）などの内閣官房幹部、果ては**宮内庁長官**（副大臣クラス。同右）に上位転生なさることがあります。また、どこかの国で天皇陛下の代理人たる**特命全権大使**を務める方もおられます。閣下《かっか》ですね。

3　職制と配置

(1)　既に明らかなとおり、東京都に1名が置かれます。

(2)　東京都警察本部の長とでもいうべきポストですから、**職制上の上司を持ちません**。警察官としての序列は第2位ですが、**序列第1位の警察庁長官は上司ではありません**。警視総監は東京都警察のトップ、警察庁長官は国の警察庁のトップゆえ、組織が全く別です。したがって、警察庁長官のダイレクトな指揮監督を受ける立場にありません。ただし、これは東京都に限らずどこの警察本部長でもそうですが、警察法の定める事務について、警察法の定める限度において、警察庁長官の指揮監督を受けます（警察法第16条第2項）。このように、法令上、**警察庁長官の指揮監督権というのは限定的**なものですが、そこに複雑精緻《せいち》な絡繰《からく》りがあることは少しだけ前述しました。それは警察庁長官の権限に関する話になりますので、終章で触れます。

(3)　警視総監の任期ですが、ここ25年ほどを概観すると(20年弱お勤めさせていただいた私が名前を聴いてピンとくる方について概観すると)、古くなればなるほど『2年半』なる長期政権もありますが、おしなべて最短1年〜最長2年でお辞めになっています。その後も特別職としての上位転生があり得ることは右のとおり。そうでなくとも、キャリア官僚の最終勝者として——様々な制約はあるものの——華麗《かれい》なる天下《あまくだ》りが待っています。といって、警視総監ともなると、いわば24時間３６５日内閣総理大臣なり天皇陛下なりのお命を預かるわけですし、東京は大規模警備実施にも外国賓客《ひんきゃく》訪問にも事欠かないので、テロ・ゲリラのリスクは全国トップクラス。並大抵《なみたいてい》の人物と神経では務まらないでしょう。その激務を考えると、私なら任期1週間でも死んでしまいます。そうした職に就《つ》かれた方が一定の処遇を受けるのは、今はしがない自営業で「ちくしょう公務員め、身分保障がある癖《くせ》してまた俸給《ほうきゅう》上げたうえ定年まで延ばしやがって」などと考える私でも納得します。

4　年齢と処遇

(1) 警視監≒指定職＝役員クラスの、その長《オサ》ですので、58歳・59歳あたりで就任します。また警視総監は、『特別な官職』として国家公務員法により**特例定年**が定められており、『62歳まで』とされています（これは警察庁長官も一緒です）。

(2) 警視総監の処遇は、これまた指定職ですから**定期同額給与**として、**人事院が定める俸給月額が支払われます**。よって指定職俸給表を見ますと、現状

【警察官序列2位】警視総監　１１０万７０００円

となっています（飾り言葉は筆者によります）。先に警視総監は国税庁長官・海上保安庁長官・防衛大学校長等々と同格だと述べましたが、それは同じ指定職として同じ右の額を与えられる職だからです。公務員全体の序列は俸給で決まります。なお、指定職の俸給が変動しないこと（改定は当然あります）、諸手当が出ないこと、ただし期末特別手当（ボーナス）が出ることは警視監の章で述べたのと一緒です。ちなみに比較のため、警察庁における他の指定職の俸給を、一部再掲《さいけい》しておきましょう。

【警察官序列3位】警察庁次長　１０３万５０００円
【警察官序列4位】警察庁官房長等　９６万５０００円
【警察官序列5位】警察庁生活安全局長等　８９万５０００円

5 その他特色

(1) 過去の実例では、警察庁の刑事局長・警備局長を経て警視総監に就任する例が微妙に目立ちます（警察官序列4位→序列2位）。ゆえに、警視総監は序列3位を経験しないこととなりますが、これは序列3位の『警察庁次長』がほぼ必ず次の警察庁長官になるからです。すなわち

【長官ルート】警察官序列4位官房長→序列3位次長→序列1位長官→退職

【総監ルート】警察官序列4位刑事・警備局長→序列2位警視総監→退職

というのが『パターンに入った』ときの人事ゆえ、警視総監になる警察官は結局、序列3位を経験しないのです。

(2) といって、右で『微妙に目立つ』などと表現したように、右のパターンは何も鉄則というわけではなく、警察官序列5位の生安局長・交通局長から警視総監になった方もおられますし、まして同じ序列5位でも、附属《ふぞく》機関の警察大学校長が就任なさった例もあります。さらに直近においては、天皇陛下のお代替《だいが》わり諸対策・東京オリンピック諸対策を見据え、序列3位の警察庁次長が（パターンどおりなら警察庁長官に就任する警察官が）、めずらしくも警視総監に就任なさった例があります。ただまあ、警察官序列5位以上（警

察庁局長級）ともなると、優劣などあってなきがごとしですから（皆《みな》が顕官《けんかん》で殿上人《てんじょうびと》）、折々の治安情勢に応じつつ、これからも様々なルートが採られるものと思われます。

(3)　この『警視総監』という階級ですが、確実に言えることは、職名としてなら1881年から存在するということです。しかしこれは内務省の地方長官という位置付けであって（知事と同様。しかも知事より上位）、警察官の階級名かというと疑問があります。また1947年の旧警察法においては、階級として規定されていません（旧警察法は国の警察について規定する法律であったため）。これが1954年の現行警察法において、従来からの伝統を踏まえ、職名（同第48条第1項）かつ階級（同第62条）と明確に位置付けられるに至りました。なお旧警察法時代の1949年、大阪市が自らの警察組織に『大阪市警視庁』なる名称を採用し、その長を『警視総監』としてしまったことがあるのは――東京以外に警視庁と警視総監が実在したことがあるのは――これまた警察トリビアです。

(4)　現在の警視総監は第96代目とされており、これがメディアでも採用されています。ただ、これだと職名が警視総監でなかった警察官も含まれてしまいます。すなわち、①警視庁の開祖いえ日本警察の開祖たる川路《かわじ》利良《としよし》大警視と、②その次の大山巌《おおやまいわお》大警視とが通算してカウントされているのです。よって警視総監そのものを通算するのなら、メディアの数字から2をマイナスする必要があります。

(5) **警視総監の階級を経験し得るのは、序章でいう④のキャリアのみです。**

(6) 警視総監もまた**司法警察員**ですが、以下省略します。

(7) 警視総監を取り扱ったフィクションというのはほとんど見掛けません。よって、実在の警視総監で一般社会でも著名となった方を探してみると——実に悲劇的なかたちで著名となられたので胸が痛みますが、その職歴の途上において（警視庁警務部長時代）、お歳《せい》暮《ぼ》を装った極左の小包爆弾により、いきなり御夫人を爆殺されてしまった土田《つちだ》國保《くにやす》・第70代警視総監が挙げられるでしょう。この卑劣極まりない土田《つちだ》邸爆破事件（１９７１）に関しては、事件5時間後のＴＶ記者会見における同氏の「私は犯人に言う。君らは卑怯だ」「家内の死が一線で働いている警察官の身代わりと思えば……」という言葉が、リアルタイムで大勢の日本人の心を打ちました。実際、御夫人の御葬儀には一般市民も含め７０００名が会葬《かいそう》したそうです。また、当時一般的だった極左からの犯行声明は、出されませんでした。

終章　警察庁長官

——コミッショナー・ジェネラル(Commissioner General)

上に 0　下は 10

階級構成

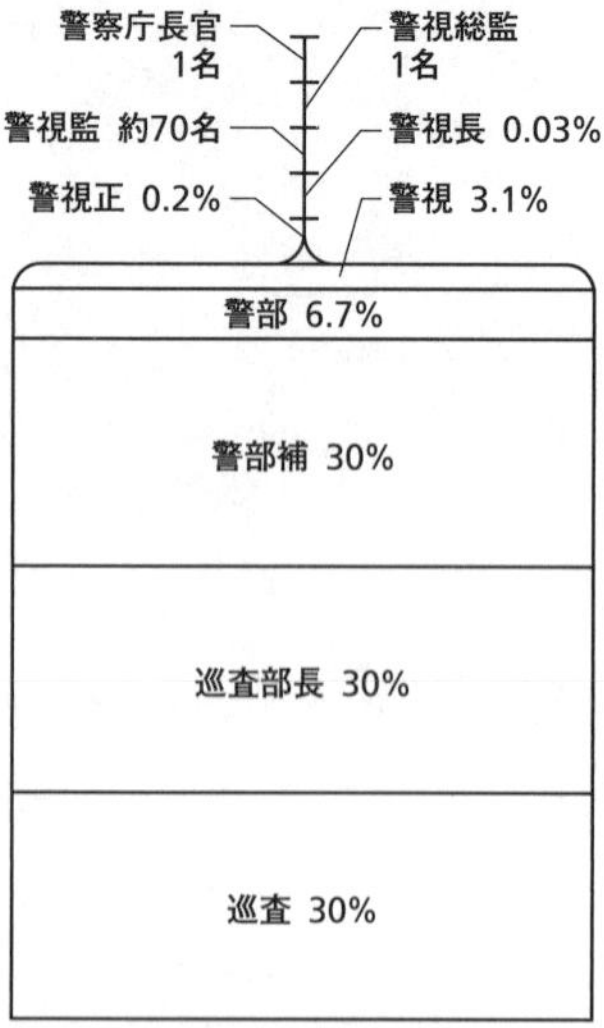

※概数かつイメージである

1 任務と役割

再びですが、とうとうここまで来ました。

(1) 9ある**階級**には含まれず、11ある**階級等**のうち第11のものが警察庁長官。警察官の階級等のなかで、最上位の警察官です。全国警察を通じて、**警察庁長官より序列が上の警察官は、ただのひとりもいません。**警察庁長官には、職制上の上司も、階級的な上官もいません。まさに日本警察のトップ、**日本警察26万警察官の頂点です。**

(2) その身分はもちろん警察官ですが（警察法第34条第3項）、その法律上の地位に鑑《かんが》み、警察官の階級からは明確に除かれています（同第62条）。

(3) その実態は、警視総監同様、指定職＝役員たる警視監のなかから選ばれた、警察キャリアの最終勝者。警視監の最終形態・最上位形態です。また僅差《きんさ》ですが、明らかに警視総監に優位します。指定職としての序列が警視総監より上だからです。**警察庁長官は、**中央省庁でいえば官僚の頂点たる**事務次官に当たり、指定職の最上位**と位置付けられますが、**警視総監は**例えば財務事務次官の下にいる国税庁長官、国土交通事務次官の下にいる海上保安庁長官と同様、**指定職序列2位**と位置付けられます。

(4) 警察庁長官は国の警察庁の社長。警視総監は都の警視庁の社長。統治する組織が違いますから、どちらかがどちらかの**上司**であるという関係には立ちません。ただ、警察庁長官が警視総監に優越することには疑いありません。すなわち警察庁長官は警視総監の上位にある警察官＝**上官**と位置付けられます。ただそれは、A警察署の警部補はB警察署の巡査部長の上官に当たる——というのと同じ意味合いの一般論。警察官の序列としてはそうであっても、具体的に前者が後者とどのような関係に立つか、前者は後者にどのような命令を出せるか等々とは別問題です。

(5)　警察庁長官と警視総監の場合、前者は警察庁のトップとして——例えば石川県警察本部長を（一定限度で）指揮監督するのと全く一緒のかたちで——警視総監を指揮監督できますが、それ以外のかたちで上官として警視総監に命令を発するかというと、さてどうでしょうか。ぶっちゃけキャリアとして期も近い、長い長い知り合いですから、相談したり頼んだりということは幾らでもあるでしょうが……指揮監督だの命令だの、大仰《おおぎょう》なことにはならないでしょう。お互いが警察キャリアの最終勝者なわけですし。そして近時においては、両者の序列を役人的にも明確にするため、長官が総監の先輩となるように——総監が長官より後の期のキャリアとなるように——人事が調整されています。ただ両者が同期だと、その序列はかなり微妙なものとなります。片や日本警察全体の元帥・大将であるものの、直轄《ちょっかつ》実力部隊を持たない脳髄《のうずい》。片や日本警察最大部隊の元帥・大将であるものの、全国警察を指揮監督する立場にはない体躯《たいく》。その機能からも、一義的にどっちがエライなんてことは言えません。

(6)　警察庁長官は、警察庁に1名います。というか警察庁の社長です。当然ながら、警察庁長官の定員は1名です。ゆえに職団を考えることはできません。定員が1名ゆえ、その全国警察官に対する割合は、警視総監同様0・0004%弱。そのキャリア警察官に対する割合は、0・2%強となります。

(7)　警察庁長官という階級ならぬ**職名**ですが、警察庁の公式英訳だと**コミッショナー・ジェネラル**。ここで

警視正　アシスタント・コミッショナー
警視長　コミッショナー
警視監　シニア・コミッショナー
警視総監　スーパーインテンデント・ジェネラル

であることを思い出してください。これは実に示唆的《しさてき》です。というのも英訳から警察庁長官が高級行政官《コミッショナー》の大将《ジェネラル》であること

警察庁長官と警視総監のみが大将《ジェネラル》であること
警察庁長官と警視総監の大将《ジェネラル》としての役割は違うこと

の3点が解るからです。すなわち警察庁長官は、［警視正－警視長－警視監］から成る運営と司令の職団の脳髄たる大将《ジェネラル》であり、警視総監は、そうした高級行政官《コミッショナー》たちの脳髄というよりは現場実働部隊の大将《ジェネラル》とされていることが解ります。そしてやはり、警察庁長官と警視総監が大将《ジェネラル》として、［警視正－警視長－警視監］という運営と司令の職団に優越し、警察庁の指定職約70名の長《オサ》2名とされていることも解ります。成程《なるほど》そこは役人のやること、階級の英訳などという比較的些細《ささい》なことにも官僚的こだわりを見せています。ちなみにこの警察庁長官《コミッショナー・ジェネラル》にあっては、2013年の英訳改正の対象となってはいません。

(8)　警察庁長官は階級ではないので、階級章がありません。しかし警察庁長官章《しょう》なる、事実上の階級章はあります。警察庁長官章のデザインは法令により『**金色の金属製日章五個を一行に配置する**』と規定されていまして、要は桜の代紋《だいもん》五ツボタン、**金五ツ星**といったところ。そしてこの警察庁長官章も右の英訳同様、実に示唆的《しさてき》です。これにより、①警察庁長官と警視総監はある共通の役割を担っていること、②警察庁長官・警視総監は［警視正－警視長－警視監］とは異なる役割を担っていることが一目瞭然《いちもくりょうぜん》となるからです。なお袖章《そでしょう》は『黒地のオビに金線1＋紺線2』、制帽のいわゆる腰部《コシ》分は『太金線2』。

⑼　警察庁長官も当然に管理職で上級幹部ですが、そもそも社長あるいは会長です。

⑽　警察庁長官の任務は

A　国家公安委員会のチェックを受けながら

B　警察庁のいわば事務次官として＝官僚トップとして警察庁の事務を総合的に処理して締《し》め括《くく》り

C　警察庁警察官などを任命したり配置したり退職させたり、はたまた最高の立場から統制・監督したり通達を発したり

D　法律の定める一定限度において、都道府県警察を指揮監督する

ことです。ここでBCについては各省庁の事務次官と変わりません。特殊なのはADです。うちAについては前章で見ました。すると残るはDですが、ここには複雑精緻《せいち》な絡繰《からく》りがあります。

⑾　法律上、警察庁長官が都道府県警察を指揮監督できるのは、①警察事務が『国と地方の両者の利害に関係する』という特殊な性質を有しているため、②完全無欠な地方自治を認めることができず、③よって国家的観点からして、一定の事務については国がいわば面

倒を見、口を出し、お金も出し、あるいは治安責任を負う必要があるからです。これは筋も理屈も通っており、道理と正義に適《かな》うと思います。極めて卑近《ひきん》な例を出せば、A県警察は財政事情が苦しいから警察官は２００名にするとか、B県警察はオシャレな繁華街が多いから制服をギンギラギンにするとか、C県警察は交通事故が少ないので交通警察を廃止してしまうとか、D県警察は事件が多いから警部警部補をぜんぶ巡査にしてしまうとか……幾らでも例は挙げられますが、それは地方的見地・地方自治の観点からは正しくとも、日本警察あるいは日本としてはマズい。よって国が一定の関与をしなければならないのは当然。それも、口を出すならカネも出すというかたちで。また、口を出したなら責任も取るというかたちで。重ねて、それは道理と正義に適います。

⑿ よって警察法は、現在のところ26の具体的な警察事務を列挙し、その26の事務については、警察庁長官が都道府県警察を指揮監督できる仕組みを作りました。ところが……ここで、警察庁長官の指揮監督を受けるのは、細かい議論を措《お》けば都道府県の警察本部長です。これは現状、序章でいう②④の警察官——推薦組とキャリアですね。要は本籍地が警察庁の、警察庁警察官です。**その人事は国が行います。**すべて国家公務員＝**地方警務官**ですから。まして推薦組の警察本部長は超少数派でしかも小規模県にしかいない。身分的に

もキャリアに対して一歩譲るところがある。そしてそのキャリアたる警察本部長というなら、**すべて警察庁長官の後輩**なはずです。それはそうです。警察キャリアの最終勝者・指定職の長《オサ》が警察庁長官なのですから。同期すら退官しているのですから。警察庁長官は警察官序列1位、最上位の警察官なのですから。さてそうすると、『1期違えば主人と奴隷』のキャリア官僚の世界において、警察庁長官に叛逆《はんぎゃく》できる警察本部長などいるでしょうか。叛逆したとき、次の人事は、そして以降の職業人生はどうなるでしょうか。

⒀　何も事情は警察本部長にかぎったことでなく、**「警視正－警視長－警視監」**の**運営と司令の職団に属する警察官のすべてが**、事実上、**警察庁長官を人事権者とする**ことも想起してください。というのもこれらの警察官は、①警察庁に勤務する警察官であれば右の長官の任務Cによって当然に長官により任用等されますし、②都道府県に勤務する警察官であれば当然に国家公務員＝地方警務官だからです。この意味において、警察庁長官はまさに警視正〜警視監のコミッショナー軍団を統括するコミッショナー・ジェネラルであり（ゆえにやっぱり英訳は正しい）、警察庁にいようが都道府県にいようが、大将《ジェネラル》に叛逆できるコミッショナーは誰もいません。

⒁　他にも予算による統制、組織《ソシキ》管理による統制、実績評価による統制、各種査定による

統制などなど、警察庁が都道府県警察を統制する絡繰《からく》りは幾重にも仕掛けられているのですが——右でしたのは人事的統制の話だけ——いずれにしろ、法律上の仕組みはともかく、警察庁長官は都道府県警察の生殺与奪《せいさつよだつ》の権をにぎっているといえます。無論、実務上は、法律が定める最小限の運用をしてもいなければ、逆にいわば長官独裁ともいえる恐怖政治・独裁政治も行われてはいません。そこはノーマルなヒトの組織として、ふんわりと、ぼんやりと、グレーに、ギラつかないかたちで、節度と分別を維持しながらの制度運用が行われています。日々の実務を考えるとき、これは指揮監督でこれは命令でこれはただの助言で、それぞれの法律上の根拠はこうで……などと考えはしません。警察庁なくして都道府県警察なく、都道府県警察なくして警察庁もまたないのですから。

⒂　上司も上官も持たず、国家公安委員会なり内閣総理大臣なりから指揮監督されることもなく（そのような指揮監督は違法）、日本警察26万警察官の頂点に立つ警察庁長官。右ではややテクニカルな話もしてしまいましたので、長官の理論上の権限と実際上の権限については、大まかなイメージだけ作っていただければ充分だと思います。

2　任用と昇任

(1)　警察庁長官は、再論ですが、必ず警察官でなければなりません。そして警察庁には大臣がいないので（国家公安委員会委員長は国務大臣ですが――警察法第6条第1項――むろん警察に対する指揮監督権を持ちません）、言ってみればこれは、昔の『軍部大臣現役武官制』みたいなもの。これを警察機関仲間と比較してみると、僅差《きんさ》の格下ポストである海上保安庁長官は、長らく海上保安官でない国土交通キャリアが就任していました（2013年以降は現場叩き上げの海上保安官ポストとして運用）。旧内務省仲間で考えると、消防庁長官は今でも総務キャリア＝旧自治キャリアの指定ポストで、現場叩き上げの消防吏《り》員《いん》が就任できるものではありません。警察庁長官は巡査からの叩き上げポストではありませんが、26万警察組織の長は、やはり警察官そのものであるべきです。

(2)　警察庁長官は警視総監と違い、階級を持ちませんので、前章で触れた職名＋階級＋名前に関する面妖《めんよう》な問題は生じません（『警視総監　警視総監　上原《うえはら》正英《まさひで》』）。警察庁長官は職名のみを持ちますのでシンプルに『警察庁長官　内田《うちだ》直行《なおゆき》』。なお、**警察庁長官は日本で唯一階級を持たない警察官である**――というのも比較的有名な警察トリビアです。

(3)　警察庁長官への任用ですが、長官もまた**国家公安委員会が任命**し、また退職の人事を発令します。これは警視総監と一緒ですね。そしてやはり警視総監同様、長官を任命等するときは、**内閣総理大臣の承認をもゲットしなければなりません**。国の省庁である警察庁の長官＝事務次官を任命等するとき、行政の長たる内閣総理大臣の関与があるのは当然のことでしょう。そもそも各省庁の事務次官は、各大臣がダイレクトに任命します。ただ警察庁長官の場合は、たとえその正体が事務次官であったとしても、大臣あるいは内閣総理大臣のダイレクトな関与を認めるわけにはゆきません。政治的中立性を維持するためです。他方で、もちろん行政の長たる内閣総理大臣には、日本の治安についての政治責任があります。そこで、**警察の政治的中立性と政府の治安責任とのバランス**を上手くとるために、①任命権者は国家公安委員会という中立のチェック機関だけれど、同時に、②内閣総理大臣の事前の承認を必要とすることとされています。なお警視総監と比較すれば、『東京都公安委員会の同意』に違いがありますね。ここでもちろん警察庁は国の機関ですから、長官の任命等に東京都公安委員会が登場する余地はありません。

(4)　長官の任用の実態としては、長官は警察キャリアの最終勝者のひとりゆえ、原則として警視監までは昇任する警察キャリアの内から——時に警視総監となる警察官とともに——**最後まで生き残った警視監の長**《オサ》が警察庁長官となります。最終勝者の生き残りのパターンは前章のとおり（同期で2名となるか、同期で1名となるか、はたまた0名となるか）。

(5) 警察庁長官からの昇任はありません。長官が最上位警察官だからです。というか、そもそも長官自体は就任時、もう階級から外れてしまっています。

(6) 警視総監同様、事実上の昇進はあり得ます。まあ政界に転じて田中内閣の内閣官房長官や宮澤内閣の副総理兼《けん》法務大臣にまでなられた後《ご》藤田《とうだ》正晴《まさはる》さんなどは、これは選挙に出られ政界に転身されたわけですから例外として——警察庁長官は、その後藤田さんも転身前に就任していた事務方の**内閣官房副長官**（特別職の官僚で副大臣クラス）、あるいは欧州小国の**特命全権大使**閣下《かっか》（これも特別職の官僚）に上位転生なさることがあります。前者の、事務方の内閣官房副長官というのは、要は**事務次官の最終形態**と考えてください。事務次官そのものが各省庁の官僚トップ・各省庁キャリアの最終勝者なのですが、その事務次官すべてを束ねる、内閣総理大臣の超々高級参謀たるポストが事務方の内閣官房副長官です。官房副長官はそれら事務次官を集め、『次官連絡会議（事務次官等会議）』を事実上主宰《しゆさい》します。この次官連絡会議は実態として、我が国行政の最高意思決定の場でして、これにおいて満場一致で通らなかった案件は、閣議にかけることができません。閣議にかけるあらゆる案件の、最終審査をする会議といえます（ゆえに余談ですが、「そんなことをおっしゃるなら、ウチの長官が次官会議で手を挙げることになりますが……」という台詞《セリフ》は、「お前の役所のこの案件は死んでも潰《つぶ》すからな」と翻訳できます。まあこれは最後の脅《おど》しであって、実際に次官会議で手が挙がることなど小惑星墜落ほどの椿事《ちんじ》なのですが）。この事務方の内閣官房副長官には、63歳で御就任なさる例もあれば、71歳で御就任なさる例もあります（なおこれは警察庁の指定ポストというわけではありません）。また大使閣下におかれては、御退職の2、3年後に任ぜられておられます。

(7)　警視総監も御退職後、やはり内閣総理大臣の超々高級参謀たる内閣危機管理監や、陛下の大使閣下等々に上位転生なさることがありますが（既述《きじゅつ》）、長官と総監とを比較すると、①長官はやはり事務次官経験者としてその最終形態ポストに、②総監はやはり警察最大の実力部隊の長を経験した者としてより実戦的なポストに、それぞれ上位転生なさる傾向があります。また、実は長官・総監を経験しなくとも、そうした特別職の超々高級参謀や大使に飛び級転生なさる警察官はいます。近時の例を概観すれば、例えば

内閣官房副長官（副大臣級）　警察最終ポストは警備局長・警視監
内閣危機管理監（政務官級）　警察最終ポストは警備局長・警視監
国家安全保障局長（政務官級）　警察最終ポストは総括審議官・警視監
内閣情報官A（大臣補佐官級）　警察最終ポストは警備局長・警視監

内閣情報官B（大臣補佐官級）　警察最終ポストは外事情報部長・警視監
内閣情報官C（大臣補佐官級）　警察最終ポストは警察大学校長・警視監
内閣情報官D（大臣補佐官級）　警察最終ポストは大阪府警察本部長・警視監
特命全権大使X　警察最終ポストは交通局長・警視監
特命全権大使Y　警察最終ポストは警備局長・警視監
特命全権大使Z　警察最終ポストは審議官（警備局）・警視監

といった実例が見られるほか、やんごとなきところでは、警察大学校長から侍従次長《じじゅうじちょう》に、警視庁副総監や皇宮警察本部長から東宮侍従長《とうぐうじじゅうちょう》に――といった実例も見られます。

⑻　特別職の公務員となると、指定職の公務員たる警察庁長官より格上となります。よって、警察キャリアの警察人生における最終勝者は警察庁長官と警視総監ですが、『警察人生』ならぬ『官僚人生』においては、栄達《えいたつ》の最終勝者はにわかに決められません。ポストも多様なら任期も多様、登用される年齢も様々、また折々の政治情勢・諸々《もろもろ》の人間関係に左右されるため、単純に俸給《ほうきゅう》で比較するのも意味がないからです。単純に俸給で比較するなら、警察庁長官と内閣情報官が同格（大使もほぼ同格）、内閣危機管理監と国家安全保障局長が長官より1ランク上、内閣官房副長官が2ランク上となりますが……

3 職制と配置

(1) 再論ですが、霞が関の警察庁に1名が置かれます。そして警察官序列3位の警察庁次長・警視監1名が『長官を助け』ます（警察法第18条）。

(2) 警察官序列2位の警視総監に対する指揮監督については、ダイレクトなものではなく、一般論としては前述のような、都道府県警察の警察本部長に対する指揮監督となります。ですがそこはもう旧知の最終勝者どうし。警察庁と警視庁の利害が激しく対立するとか、警視庁が警察庁に黙って国家的な重要オペレーションを行ってしかも失敗したとか、そういうときは別論でしょうが（実例あり）、日々の実務において、互いに命令がどうだの指揮監督がどうだの言う関係にないでしょう。ただ長官に事故があり例えば病欠《びょうけつ》等となると、2位3位どうしはかなり微妙な関係になります。

(3) パターンに入った人事なら、警察官序列4位の官房長→序列3位の次長→序列1位の長官と昇進・昇任するのは既述《きじゅつ》のとおり。ゆえに警察庁官房長に就任した時点で、次々代の警察庁長官になることがほぼ確定します（なお官房長も次長同様、定員1名です）。

(4) 警察庁長官の任期ですが、ここ25年ほどを概観すると、時の今昔《こんじゃく》を問わず、最長2年半～最短1年、中間値であっても約1年半・約2年といった節目で退官しておられます。

その後の上位転生等にあっては警視総監同様です。事務次官ですから。

４　年齢と処遇

(1)　警視総監同様、警視監＝指定職＝役員級の長《オサ》として、58歳・59歳あたりで就任します。また警視総監同様、『特別な官職』として国家公務員法により**特例定年**が定められており、『62歳まで』とされています（これは警察庁次長も一緒です）。

(2)　警察庁長官の処遇は、これまた指定職ですから**定期同額給与**として、**人事院が定める俸給月額が支払われます**。よって指定職俸給表を見ますと、現状

【警察官序列１位】警察庁長官　１１７万５０００円

となっています。各省庁の事務次官、宮内庁次長、金融庁長官、消費者庁長官、統合《とうごう》幕僚長《ばくりょうちょう》とまったく同額で、ゆえに公務員全体の序列のなかで同格となります。指定職の俸給が変動しないこと、諸手当が出ないこと、期末特別手当は出ることは警視総監同様。
あと、ここでも比較のため、警察庁における他の指定職の俸給を一部再掲《さいけい》しておきます。

【警察官序列２位】警視総監　１１０万７０００円
【警察官序列３位】警察庁次長　１０３万５０００円

【警察官序列４位】警察庁官房長等　９６万５０００円
【警察官序列５位】警察庁生活安全局長等　８９万５０００円

５　その他特色

(1)『警察庁長官』という職名ですが、警察庁が誕生した１９５４年から存在します。というか、１９５４年に施行された現行の警察法がそれを定めました。それ以前は

旧警察法（１９４９）においては**国家地方警察本部長官**

それ以前、特に第２次世界大戦終戦までは**内務省警保局長**

が警察庁長官に――おおむね――対応する職です。戦前の我が国は国家警察制度を採用していたので、都道府県警察ならぬ都道府県警察部は完全に国の警察。その実質的な長は警察本部長ならぬ警察部長でした（なお東京にあっては警視総監）。もし警察庁を内務省警保局の後継者と考えてしまうなら、警察庁と警視庁はほぼ同世代といえますが、組織の名称と権限とが激変したことを踏まえれば、警察庁はやはり１９５４年生まれと言わざるを得ません。そうなると、**基本的には都警察で在り続けカンバンも変わっていない警視庁の方が、遥かに年上です。**このこともあってか、日本警察における警視庁の／警視庁警察官

のプライドは強烈なものです。警察庁何するものぞ、との気概を持っています。警視総監と警察庁長官の序列の差は僅差《きんさ》ですし……かつては警察庁キャリアならぬ警視庁キャリア（警視庁独自のキャリア制度）まで設けようとしたとか。ただそうは言っても、最終的に全国警察の舵取《かじと》りをするのは警察庁ですし、**警察庁のキャリアが最も多く存在する都道府県警察は警視庁**なので、警視長以上にとっては警察庁と警視庁などお隣さん以上の、まあ一軒家《いっけんや》内の離れです。どちらがどちらの離れなのか、警視庁側に意見があるでしょうが。

⑵　**我が国警察は薩摩《さつま》の川路《かわじ》利良《としよし》・初代警視総監（当時は大警視）によって創設されたと**いっても過言でなく、川路大警視は警視庁のみならず日本警察の開祖・生みの親ですが、その**川路大警視が日本警察を創設するに当たってフランスの警察制度を模範としたの**は有名な話です。警察白書においては『大陸法系諸国の法制度に倣《なら》って作られた』等と表現されますが、私はフランスに派遣されその警察制度をつぶさに研究する機会に恵まれましたので、むしろ『日本の警察制度はフランスの警察制度にそっくりだ』と言うことができます。もちろん終戦と終戦後の改革によって我が国は国家警察制度を改めましたので、今も国家警察制度を維持している（＝警察は原則国の組織で、警察官は原則国家公務員）フランスとダイレクトに対比することはできません。しかし例えば

仏の国家警察総局《DGPN》は、内務省警保局に当たり、警察庁に類似する
仏のパリ警視庁は、警視庁同様、歴史と伝統がある独自性の強いものである
仏の国家警察総局《DGPN》の組織は、警察部門の切り分け方において警察庁に類似する
仏の国家警察総局長の地位は、警察庁長官に類似する
仏警察における階級制度は、日本のそれに類似する
仏警察におけるキャリア警察官制度は、日本のそれを大規模にしたものである

等の類似諸点を挙げることができ、ＤＮＡを共有していることは明々白々です。ゆえに例えば、本書では独自に、［巡査－巡査長－巡査部長］を実働と執行の職団、［警部補－警部－警視］を指揮の職団、［警視正－警視長－警視監］を運営と司令の職団と位置付けましたが、これなど実は、**フランス国家警察が階級を３つの職団に分け、兵－下士官－士官に対応させつつ**、警部補未満を**〈取締りと執行の職団〉**、警部補以上を**〈指揮の職団〉**、警視以上を**〈企画と監督の職団〉**と命名していることに倣《なら》ったものです。また、階級の比較法的な対比はそれ自体興味深いものですし、右のことを確認してもらうためにも、本書にはフランス国家警察における階級一覧表も付しました。例えば階級と職名が並立していて、階級でないのに階級章を持つ職名があることも、両国警察の類似点です。

(3)　現在の警察庁長官は第28代目とされており、しかもこれは1954年の『警察庁『警察庁長官』誕生から起算されていますので、警視総監のような問題は生じません。

(4)　**警察庁長官の職を経験し得るのは、序章でいう④のキャリアのみです。**

(5)　警察庁長官が司法警察員かについては、私実はちょっと迷ったのですが――階級のない警察庁長官に『巡査部長以上の階級にある警察官は司法警察員とし、巡査の階級にある警察官は司法巡査とする』なる法令が適用されるかどうか解らなかったのです――警察官を20年弱やっていながら初めて調べたところ、国家公安委員会規則が、①**警察庁長官も司法警察員であり、②警察庁長官も自ら逮捕状を請求できる旨**、明確に定めていました。実際にはあり得ないでしょうが、吃驚《びっくり》です。

(6)　我が国で最も有名な警察庁長官を挙げますと――あの地下鉄サリン事件の10日後、そして警察が旧上九《かみく》一色村《いっしきむら》のオウム真理教サティアン群等に討ち入りをかけた8日後、自宅を出て登庁のため公用車に乗ろうとしたところ、わずか5秒の内に3発の銃弾を体に撃ち込まれ、救急搬送されたものの心臓・呼吸停止状態に陥り、一命は取り留めたものの全治1年6月の重傷を負った、國松孝次《くにまつたかじ》警察庁長官でしょう。それでも1年6月後には全国を股《また》に掛けて御出張され、オウム真理教に係る事件捜査に発破《はっぱ》を掛け続けておられたといいますから、あらゆる意味で伝説的な長官です（ただし同氏の殺人未遂事件については未解決のまま2010年、公訴時効が完成しました——すなわち被疑者は不明です）。我が国警察の歴史において、現状、警察庁長官がテロられたのはこれが空前絶後《くうぜんぜつご》の1例。ちなみに同氏は若き頃、本富士《もとふじ》警察署長時代、極左の火炎瓶《かえんびん》で署長室をテロられてもいますから、そういう星の下にお生まれになったのでしょう。なお御快復・御退職された同氏は、スイス駐箚《ちゅうさつ》特命全権大使等をお務めになっておられます。

著者略歴

古野まほろ《ふるのまほろ》

東京大学法学部卒業。リヨン第三大学法学部修士課程修了。
学位授与機構より学士(文学)。
警察庁Ⅰ種警察官として警察署、警察本部、海外、
警察庁等で勤務し、警察大学校主任教授にて退官。
警察官僚として法学書多数。
作家として有栖川有栖・綾辻行人両氏に師事。
小説多数。

幻冬舎新書　599

警察の階級

二〇二〇年九月三十日　第一刷発行

著者　古野まほろ

発行人　志儀保博

編集人　小木田順子

発行所　株式会社　幻冬舎

〒一五一―〇〇五一　東京都渋谷区千駄ヶ谷四―九―七

電話　〇三―五四一一―六二一一（編集）

〇三―五四一一―六二二二（営業）

振替　〇〇一二〇―八―七六七六四三

ブックデザイン　鈴木成一デザイン室

印刷・製本所　株式会社　光邦

GENTOSHA

Printed in Japan　ISBN978-4-344-98601-5 C0295

ふ-17-2

幻冬舎ホームページアドレス https://www.gentosha.co.jp/

＊この本に関するご意見・ご感想をメールでお寄せいただく場合は、comment@gentosha.co.jp まで。

幻冬舎新書

小谷野敦

日本の歴代権力者

聖徳太子から森喜朗まで国家を牽引した一二六名が勢揃い!!　その顔ぶれを並べてみれば日本の歴史が一望できる。〈真の権力者は№.1を陰で操る〉独特の権力構造も明らかに。

伊藤賀一

47都道府県の歴史と地理がわかる事典

各都道府県の歴史・地理をコンパクトながら深掘り解説、経済活動や伝統文化等に加えて、全都道府県に足を運んで集めた「鉄板ネタ」「地雷ネタ」まで盛り込んだ、読んで楽しく役に立つ画期的な事典。

小野一光

人殺しの論理

凶悪殺人犯へのインタビュー

世間を震撼させた凶悪殺人犯と対話し、その衝動や思考を聞き出してきた著者。残虐で自己中心的で狡猾、だが人の懐に入るのが異常に上手い。彼らの放つ独特な臭気を探り続けた衝撃の取材録。

朝日新聞社会部

きょうも傍聴席にいます

長年の虐待の果てに、介護に疲れて、愛に溺れて、一線を越えてしまった人たち。日々裁判所で傍聴を続ける記者が、紙面では伝えきれない法廷の人間ドラマを綴る。朝日新聞デジタル人気連載の書籍化。